調査報道

公共するジャーナリズムをめざして

土田修 著

緑風出版

はじめに
～市民活動の国際的広がりとジャーナリズムの役割

1　世界に広がる大衆市民運動と日本のマスコミ

日本のメディアは、政府や官庁など「お役所」が発する公的情報には敏感だが、市民社会で起きていることや大衆運動、市民運動にはあまり関心を示さない。

日本ではマスコミが報道しなければニュースにはならない。だから市民社会で起きていることは、一般の市民の話題になることが少ない。日本は「主権在民」に基づく民主国家のはずだが、メディア体制に関する限り、報道管制が敷かれた独裁国家とあまり変わりがない。

例えば、二〇一二年五月、行き過ぎた金融資本主義を批判し社会的正義と真の民主主義を求める「怒れる者たち（Indignés：アンディニェ）」の抗議行動が世界各地で起きた。欧州中央銀行（ECB）のあるドイツ・フランクフルトでは、五月中旬、緊縮財政と金融機関の保護政策に抗議する大規模な集会とデモ行進が行われ、欧州各地の「怒れる者たち」ら数万人が「フランクフルトを占拠せよ！（Blockupy Frankfurt ！）」と叫んだ。

相前後してスペインでも「怒れる者たち」がデモ行進し、「われわれは九九パーセントだ！」と声を上げた。カナダのケベックではこの春、授業料値上げに反対する大学生が無期限ストライキに入った。ストライキは「メープルの春」と呼ばれ、モントリオールでのデモ行進には三〇万人が参加した。

大規模な抗議運動は、前年の二〇一一年五月にスペインのマドリードやバルセロナで始まり、ロンドン、ローマなどを経由して、同年九月にはニューヨークの「ウォール街を占拠せよ！（Occupy Wall Street ！）」運動へと発展した。

同様の運動は世界中に拡散し、同年一〇月には、「世界同時アクション」として、欧米、中南米、オーストラリア、アフリカなど世界一五〇〇以上の都市で集会とデモがあった。

日本でも東京や京都、大阪などで小規模なデモが行われたが、日本のマスコミはほとんど関心を示さなかった。この間、日本のマスコミが報道した世界的な大衆運動は、二〇一〇年一二月にチュニジアで始まった「アラブの春」と、二〇一一年九月にニューヨークのウォール街で始まった「オキュパイ運動」だけだった。

日本のマスコミは、世界中に特派員を派遣しているが、各国の政府発表や政権交代には関心を示すものの、毎年、ブラジルなどで開催されている国際的な市民の祭典「世界社会フォーラム（ＷＳＦ）」といった市民社会の動きにはすこぶる感度が鈍い。

マスコミのニュースソース（情報源）が政府や官庁、警察、大企業など「公的機関」にかたよっており、市民社会の広がりが視野に入っていないからだ。それだけではない。自ら調査しニュースを発掘するという当たり前のジャーナリズムも育っていない。

本書で筆者が米国の調査報道や「パブリック・ジャーナリズム」の実践を取り上げるのは、「記者クラブ制度」に依拠し、お役所の広報紙と化した日本のマスメディア・ジャーナリズムのあり方を脱構築し、「市民の視点」に立った「公共するジャーナリズム」の意義を明らかにするためだ。

「公共するジャーナリズム」とは、NGO・NPO・市民との協働を促進し、新しい市民社会の構築をめざす社会運動のことである。しかも市民の自主的・自発的参加や行動を促し、市民主導の新しい市民社会の構築をめざす「行動するジャーナリズム」のことでもある。

この「公共する」という言葉は、大阪で公共哲学共働研究所を主宰する在野の哲学者・金泰昌氏が提唱する「公共（する）哲学」がベースになっている。金氏の「公共（する）哲学」は「公共するジャーナリズム」の進むべき道に光を当てる「知の羅針盤」と考えている。金氏は「公共（する）哲学」を「対話・共働・開新」と説明する。その基本姿勢は「市民の・市民による・市民のための・市民とともにする知・徳・行の連動変革」にあるという。

「公共する」という言葉は東アジア特有のものであり、西洋由来の翻訳語ではない。詳しくは第2部第3章で述べるが、日本では藤原惺窩（せいか）、横井小楠、田中正造らの思想に系譜を見出すことができる。それゆえ、金氏の公共哲学を源泉とする「公共するジャーナリズム」は、市民との協働を促進し市民に行動を促すとともに、自らが実践主体となる行動するジャーナリズムを意味する。

2 「3・11」後のマスコミ報道

二〇一一年三月一一日、東日本大震災と東京電力福島第一原発事故が起きた後、マスコミ各社は大がかりな取材チームや特別報道チームを編成し、取材を続けてきた。取材の対象は、原発事故の真相や放射能汚染の問題、被災者の生活や補償問題、脱原発の市民運動などにも及んでいる。

原発事故報道でマスコミは原発推進政策の歴史と現状、「原発ムラ」の実態、「安全神話」をめぐる組織的な嘘など日本の政治・経済・社会全般に関わる問題点を明らかにし、国や行政の政策を批判してきた。

「脱原発」の方針を明確に打ち出し、被災者支援や「脱原発」の市民運動を大きく取り上げる新聞もでてきた。朝日新聞の連載企画「プロメテウスの罠」や東京新聞の連載企画「レベル7」など、戦後、政府が進めてきた原発政策の歴史を描きだし、政治や社会の闇に光を当てる連載企画も登場した。

「原子力ムラ」や財界の意向を受けて「原発推進」や「原発再稼働」を後押する社もあれば、「原発推進」と「脱原発」の間を振り子のように揺れ動く社もあるが、新聞が市民を政治や社会に誘い込み、公共的な議論や行動を促すという「メディア（媒体）」本来のあり方に一歩でも近づいた新聞があることは、ジャーナリズムの公共的な役割を考える上で大きな意義があると考える。

より重要なことは、マスコミ記者が被災地を歩き回り、被災者と同じ目線に立ち、被災者の悩みや苦しみ、痛みや憤りに共感して取材報道する記事が目立っていることだ。

これまで記者クラブの中で当局発表の記事を書くことに慣れてきたマスコミ記者は、自社や当局の評価によって自らの「レゾンデートル（存在理由）」を推し量ってきた。それが現場で被災者に会い彼らの生の声を聞くことで、社会や市民のために役立つジャーナリズムとは何かを考えるようになったのではないか。

戦後、記者クラブ制度にあぐらをかき、市民社会に背を向けて、「官報」のような画一的紙面をつくってきたマスコミが「3・11」を契機に、「市民の視点」に立ったジャーナリズムを実践する端緒に就いたのではないか。原発事故から二年近くが経過したが、「脱原発」を求める市民の声は高まる一方だ。それに歩調を合わせた報道も日常的に見られるようになった。

こうした事態を踏まえ、筆者はジャーナリズムとは政治や社会の不正を暴露するだけでなく、政治や社会の不正をただし、国民的な世論を喚起し、市民を社会参加や政治参加へと促す「公共的役割」を担った存在であると考えるようになった。もちろん、市民の側もマスメディア報道をそのまま受け入れるのではなく、新聞、テレビに対するメディアリテラシーを高め、マスメディアそのものに変革を求める声を上げるべき時が来ている。

東京都市大学名誉教授で独立系メディア「E―wave TOKYO」共同代表の青山貞一氏は、マスコミ報道や論説をうのみにし、情報操作による世論誘導に陥りやすい日本人の国民性について警鐘を発している。

青山氏は、日本リサーチセンターやギャラップなどのデータを分析した結果、新聞、テレビに対する日本人の信頼度（鵜呑み度）は、七〇パーセントを超えていると指摘する。しかも英国「一四パーセント」、米国「二六パーセント」、フランス「三五パーセント」などに比べて、いわゆる先進国の中で断トツに高い数字を示している。

青山氏によれば、この数字はマスコミが実施する世論調査の結果からも見て取れるという。例えば、元民主党代表の小沢一郎氏が民主党を離党し新党を結成した時点で新聞各紙が行った世論調査では、「小沢新党に期待しない」が「七〇パーセント」以上を占めた。この数字は新聞各紙が行った小沢氏に対するネガティブキャンペーンの「鵜呑み度」と一致する。

震災がれきの広域処理問題についても、環境省が広告代理店を通じて行った一大キャンペーンの結果、各紙の世論調査では「がれきを受け入れてもよい」や「自分の自治体で受け入れてもよい」という回答が七〇～八〇パーセントにのぼっている。

青山氏はこの「鵜呑み度七〇パーセント」論に基づき、マスコミの情報操作から抜けだし、理念と情熱を持って自分で考え行動する「主体的市民」の活動こそが重要だと指摘している。「3．11」は日本の社会や政治を大きく変えようとしている。当然、ジャーナリズムの質の向上と公共性に対する市民的関心も増大している。「3・11」以降、全国で「脱原発」を求める大規模なデモ行動や集会が開かれるようになり、主体的市民の行動によって日本の市民社会は大きく変わろうとしている。こうした市民社会の変化に応じて、ジャーナリストの側も、従来のマスメディアの在り方を脱構築し、市民の政治参加・社会参加を促す「公共的」なジャーナリズムの未来を模索する時代が来ている。

3　市民的課題を報道しないマスコミ

政府は日本の原発の海外輸出計画など「原発推進」政策を積極的に進める一方、二〇一二年六月には安全の裏付けがないまま大飯原発（福井県おおい町）の再稼働を決めた。福島第一原発事故から一年以上たち、官僚と財界におもねる野田政権は「政治責任」という空虚な言葉を使って「原発問題」の風化をもくろんできた。同時に、この野田政権の下で市民感覚では許されない数々の政策や決定がまかり通ってしまった。

野田政権が国会に提出しようとした「秘密保全法」は国民の目を欺くようにして政策立案が進められた。「公共の安全（公安）」や「秩序の維持」を目的に、権力が恣意的に「秘密」を指定できるとする同法は、戦前の治安維持法を想起させる市民弾圧の悪法といえる。

同法が施行されれば、ジャーナリストの取材だけでなく、ＮＰＯやＮＧＯの調査活動も処罰の対象にされかねない。だが、新聞・テレビは同法に対する批判はおろか、議論のたたき台さえ提示しようとしなかった。

時としてマスコミは公共的な議論の場を提供するというジャーナリズムの役割を放棄することさえある。例えば、小沢一郎氏の「陸山会」事件報道で、新聞・テレビは検察情報を垂れ流し、当局のプロパガンダ装置に徹した。

この事件は東京地検が不起訴としたが、検察審査会が「起訴相当」を二度議決し強制起訴した。この過程で検事による捜査報告書の捏造など信じられないような事実が明らかになったが、結果的に「政治主導」を掲げた民主党は分裂状態になり、「霞が関」の意向を受けた検察当局の狙い通り「官僚主導」の政治をより一層強化する結果となった。

「メディア（媒体）」の役割は、市民にとって必要な情報を伝えるだけでなく、市民の社会参加、政治参加を促すことにある。市民社会のアジェンダ（課題）に耳を傾け独自に取材し報道する姿勢が「公共するジャーナリズム」には求められている。

現在、世界中で民主主義の危機が叫ばれている。非正規雇用、リストラなど不安定雇用や多額の学生ローンに苦しむ若者も多い。形骸化した民主主義を立て直し、グローバル・ジャスティス（社会正義）と「主権在民」を実現するには、「怒れる者たち」や「ウォール街占拠運動」など広範な市民運動とジャーナリズムとの協働が不可欠なのではないか。

議会制民主主義とマスコミ報道が機能不全に陥っているいま、民主主義と「知る権利」を市民の手に取り戻すには、多くの市民が街頭に出て直接行動に訴えるほかない。ＮＰＯの本来の理念である「市民参加と協働」を促進する「公共する」ジャーナリズムの存在意義はまさにそこにある。

4 米国調査報道の伝統

米国には「インベスティゲイティブ・リポーティング（調査報道）」の伝統がある。七〇年代以降、米国ジャーナリズムの主流として定着し、商業メディアと非営利メディアがその成果を競い合ってきた。

ワシントン・ポスト紙が暴いた「ウォーターゲート事件」は米国調査報道の金字塔として称賛され、「リクルート事件」など日本の調査報道にも大きな影響を与えた。その米国では商業メディアの衰退で、調査報道ＮＰＯがジャーナリズムの担い手の中心になりつつある。

ここ数年、米国では地方紙はもちろん大手新聞の多くも、広告収入の大幅減と部数減により経営危機を迎えている。既に消滅した新聞も多く、大幅な人員リストラやなりふり構わぬ商業主義への回帰も当たり前になっている。ワシントン・ポスト紙でさえ「教育産業」への転換を図り、企業としての生き残りを賭けている。商業メディアに失望した財団や個人の多くは、NPOメディアやインターネットメディアに期待し、多額の寄付を提供するようになった。ワシントン・ポスト紙やニューヨーク・タイムズ紙を辞めた記者が、ジャーナリズムを実践するため、調査報道NPOに移籍したケースも珍しくない。米国ではNPOがジャーナリストにとって仕事の点でも報酬の面でも魅力ある職場になっている。

米国の調査報道NPOは「社会変革」と「公共性」を旗印に掲げ、市民の政治参加と社会参加を促進する役割を果たしている。その足腰となっているのは、日本よりはるかに進んだ情報公開制度とCAR（コンピューター・アシスティド・リポーティング）というネット情報検索システムだ。そこに「市民参加と協働」という理念が加わり、多くの市民や財団の支援を受けながら、真の民主主義の実現をめざして息の長い取材活動を続けている。

5　本書の構成

本書第1部では、米国の市民社会に根付いている調査報道NPOをルポする。ワシントンの「センター・フォー・パブリック・インテグリティ（CPI）」は米国調査報道NPOの老舗であり、調査報道の国際的ネットワークを構築している。アメリカン大学「調査報道ワークショップ（IRW）」は骨太で息の長い調査報道を続け、英国BBCなどテレビや映像メディアとの協働を進めている。

ニューヨークの「プロパブリカ」は二年連続のピュリツァー賞受賞で一躍時代の寵児に躍り出た。同じニューヨークのハイパーローカル紙「シティ・リミッツ」は、長年、地域の貧困問題と取り組んできた市民運動をベースにしている。二〇一一年にニューヨークで始まった、「格差是正」を求める「オキュパイ運動」にも多大な影響を与えた。

第2部では、具体的な調査報道の実例を通して公共的なジャーナリズムの存在意義を明らかにする。特に米国ではジャーナリズムは「公共財」であるという認識が広まり、非営利メディアこそがジャーナリズムの担い手になるべきだという議論が始まっている。

この動きに即し「公共財」としてのジャーナリズムを実践するのに必要な「マスメディアとNPOとの協働」の理念と現状について明らかにする。

ニューヨーク・タイムズ紙はNPO法人化の方向を模索しているといわれる。既にシカゴ版二ページの製作を地元NPOに任せている。こうした「マスメディアとNPOとの協働」の理念は、日本では唯一、十年余り前から新潟県上越市の「上越タイムス」で実践されているが、その他のメディアには広がっていない。

この理念は九〇年代の米国で広まった「パブリック・ジャーナリズム」運動と相通じるものがある。元々「パブリック」であるはずのジャーナリズムに、あえて「パブリック」という言葉を冠したのは、「パブリック」とはいえなくなった伝統的商業メディアに対する批判であると同時に、主体的に行動する市民との協働を強く意識したからでもある。「公共するジャーナリズム」に多くの示唆を与えてくれる同運動については、ジェイ・ローゼン氏の著作『ジャーナリストは何のために？（*What Are Journalists For?*）』に基づいて解説する。

第3部では、「市民の視点」に立った調査報道を実践する可能性について具体例を提示する。「被曝労働者」を四〇年間撮り続けてきた写真家の樋口健二氏の報道写真は、「社会的弱者の視点」に立った調査報道の実例といえる。「市民こそが市長である」を信条に「脱原発」「脱成長」政策を進めるソウル市の朴元淳市長は「公共するジャーナリズム」の格好の取材対象といえる。最後に、筆者らが創設をめざす調査報道NPO「共働 e-news」の目的を、現状のマスメディア状況の中で明らかにすることで「公共するジャーナリズム」実践の地平を展望したい。

本書で紹介する米国調査報道NPOは、日本のマスメディアに多くの示唆を与えてくれる。本書を契機に、調査報道の手法を生かした「公共するジャーナリズム」の担い手が日本でも次々と現れることを期待している。

「公共するジャーナリズム」は、市民に政治参加や社会参加を促し、東アジアのNGO・NPO・市民の「連帯」を創出することを目的としている。

二〇〇九年に民主党は多くの国民の支持を集めて政権交代を実現した。だが、民主党の野田政権は大飯原発の再稼働を主導し、「集団的自衛権」の容認に踏み込むなど多くの市民を失望させた。民主党が自民・公明党と結託し、消費税率引き上げを柱とする「社会保障と税の一体改革法案」を衆議院本会議で可決させた二〇一二年六月二六日は、民主党と「政権交代」が死滅した日として歴史に残ることだろう。

そして、一二月の総選挙で自民が大勝し、「超タカ派」の安倍晋三が総理大臣に返り咲いた。福島第一原発事故後、初の総選挙だったのだが、「脱原発」は重要な争点にはならなかった。自民党は憲法改正と国防軍創設を全面に押し出すことで、原発問題を選挙の最大争点からはずすことに成功した。

少なくともこの総選挙の結果が、「脱原発」を求める民意を反映しているとは到底思えない。近い将来、市民の声に耳を貸すことのない強権的な政治の時代がやって来るかもしれない。「言論の自由」と「主権在民」という理念を守り抜くには、社会連帯を軸とした市民活動と直接行動の継続的な盛り上がりが求められる。「市民参加と協働」を促進するジャーナリズムが果たすべき役割はまさにそこにある。

この本が、NGO・NPO・市民によって主体的に担われる市民主導型社会の実現と、「市民参加と協働」の理念に基づく「公共するジャーナリズム」実践の一助になることを願っている。

二〇一三年二月

土田 修

目次

調査報道——公共するジャーナリズムをめざして

第1部　調査報道をルポする　25

第1部　調査報道をルポする

第1章「シティ・リミッツ」──「ウォール街占拠運動」

1　ウォール街占拠運動

二〇一二年八月二九日、大型ハリケーン「アイリーン」が通過した翌日のニューヨークは快晴だった。

街路樹の根元が折れて歩道上に倒れており、タイムズスクエアには大きな水たまりができていたが、地下鉄もバスも動き始め何事もなかったかのように普段のにぎわいと雑踏が巷にあふれていた。

マンハッタン南端にある世界の金融の中心地ウォール街。地下鉄の駅から同時多発テロ事件で崩壊した「世界貿易センター」跡地へ向かうと、そこは新しい超高層ビルの建築現場だった。塀を巡らせた内部では九月一一日に催される「一〇周年追悼記念式典」に向けた準備が進められていた。

近くにある「9・11」記念博物館を見学した後、小さな広場の露天でハンバーガーとコーラの昼食をとった。広場の名は「ズコッティパーク」。後に占拠者（オキュパイアーズ）から「リバティプラザ」と呼ばれるようになるネコの額のような小さな広場は、まだオフィス勤めのサラリーマンやOLが闊歩する日常的な空間のひとつだった。

記念式典が開催された直後の九月一六日、ズコッティパークは貧困や格差是正、雇用不安を訴える若者たちが集まる社会運動の場となった。「ウォール街を占拠せよ！」をスローガンに立ち上がった若者たちは、米国の政治や経済を支配する「一パーセントの富裕層」に対して、「われわれは九九パーセントだ！」と叫んだ。この日から、ズコッティパークは行き過ぎた金融市場とそれを支える政府や財界に対する広範な市民の非暴力抵抗運動の場となった。

実はニューヨークには七〇年代から一貫して貧困地区を足場に活動を続けてきたアクティヴィスト系の調査報道NPOがあった。ハイパーローカル紙といわれる「シティ・リミッツ（City Limits）」だ。

ニューヨーク貧困地区で活動する社会運動家たちの情報をベースに持つこの調査報道NPOは、長年、米国の貧困問題を歴史的、社会的、経済的に幅広く分析してきた。オンラインや紙媒体で公表してきた長大なリポートや記事は、米国の経済格差・貧困問題を根底から描き出している。

ウォール街占拠運動は一朝一夕に始まったわけではない。ニューヨークの貧困問題をえぐりだす調査報道NPOの地道な活動が背景にあった。「市民の視点」に立った「公共するジャーナリズム」こそが、九月中旬に始まった「ウォール街占拠運動」の大きな運動の広がりを醸成したといえる。

２　ハイパーローカルメディア

ニューヨーク市イースト二二番街。少し古ぼけた「ユナイティッド・チャリティ・ビルディング」の一角に、調査報道ＮＰＯ「シティ・リミッツ」のオフィスがある。

「シティ・リミッツ」は一九七六年、貧困層の住宅問題を扱うニューズレターとしてスタートした。今では、ブルックリン、ブロンクス、クイーンズなどニューヨークでも低所得層が多く住む地域を足場に、隔月刊の雑誌「シティ・リミッツ」を発行している。もちろんインターネットでも「貧困・格差是正」を求める社会派記事を多数掲載している。ニューヨークの中でも限られた地域を対象にしたハイパーローカルメディアのひとつだ。二年前に「シティ・リミッツ」を買収した親会社「コミュニティ・サービス・ソサエティ」からの資金と他の財団からの寄付を中心に運営費は約七〇万ドルを計上している。雑誌の広告やネットでの求人広告などの収入も含まれている。雑誌の定期購読は微々たるものだという。スタッフは編集、事務管理、広告、ソーシャルメディア担当各一人の計四人。二〇一一年八月二九日午後、たった一人の編集スタッフ、ジャレット・マーフィーさんは、パソコンとプリンターが置かれたデスクが一つだけの手狭な編集室で筆者らを出迎えてくれた。「ようこそお越しくださいました」。涼やかな笑顔を見せながら、穏やかな口調で「シティ・リミッツ」創設の経緯や目的、現在の活動内容などを説明してくれた。

「七六年の創設当時、ニューヨーク地域では住宅問題が非常に悪化していました。たくさんの家が見捨てられ、裕福な人が郊外へ逃げ出し、ハウジングの空洞化という危機的な現象がブルックリン、クイーンズをはじめニューヨークシティ全体で起きていたわけです。あちこちで同じような問題が始まりました。『シティ・リミッツ』はそのような時期に設立されました」。

ニューヨークといえば、ニューヨーク・タイムズ紙のような有名な全国紙をはじめ、たくさんのテレビ局や新聞社が集中するメディア・キャピタル（メディアの首都）だ。だが、マーフィーさんによると、そうした有名な新聞やテレビでもカバーしきれない地域のストーリーがたくさんあるという。有色人種やエイズ患者のコミュニティ、障害者や高齢者、低所得者のコミュニティに関するストーリーなどだ。

「こうした問題は大新聞や大メディアの視野には入ってきません。同時に、さまざまな要素が複雑に絡み合った問題ですので非常に深いレベルでの調査が必要になる。見過ごされているトピックというだけでなく、調査の仕方としても、それがなぜ起きたかだけでなく、次に何が起きるのか、さらにはどうすれば理想的な解決法を提示できるのか、といったことまで含めて綿密な調査が求められます。そうした調査報道をここではやっているわけです」

最初、「シティ・リミッツ」は、市がつくった安い住宅や大家と住民との紛争など住宅に特化して報道した。時がたつにつれて住宅問題だけでなく、経済問題や労働市場、社会保障、環境問題、刑事司法問題、教育問題なども扱うようになった。

マーフィーさんは「毎号、ひとつのトピックに限定した形で発行しています。ですから毎号一万五〇〇〇字から二万字の記事を掲載していることになります。恐らく全米のメディアで最も長い記事を掲載している雑誌ではないでしょうか」と話す。

トピックの歴史的背景、さまざまな側面、関わっている人たち、当事者だけでなく周辺で影響力を持っている人たちなど、ありとあらゆる要素を盛り込んだ幅広い内容の記事が「シティ・リミッツ」の特徴であり魅力だ。「それによって読者がどういう行動をとるのか、問題をどうやって解決するのか、そうした可能性を提示しているのです」（マーフィーさん）。

3　社会にインパクトを与えるジャーナリズム

雑誌で取り上げるテーマを決めるのはマーフィーさんたちだが、実際の調査報道はアウトソーシング（業務の外注）する場合もある。毎回のトピックが決まると、専門のライターやフリーランスの記者を新聞広告などで募集する。トピックごとにフリーの記者らと契約を結ぶ。ひとつの調査報道に四〜六カ月の期間をかけ、記事のアンカーはマーフィーさんが務める。

マーフィーさんはコネティカット州のニューブリテンという小さな産業の町で生まれた。マーフィーさんが幼少期にその産業は衰退してしまった。それが都市問題に対する関心を芽生えさせるきっかけになった。カレッジで都市政策を専攻し、卒業後、オルタナティヴ系の新聞をへてＣＢＳテレビで職を得た。だが「自分で政策を読んで理解したい」と職を辞して大学院へ進学し、「公共金融政策」の学位を取得した。

「シティ・リミッツ」に入ったのは二〇〇七年のこと。編集スタッフとして隔月刊の雑誌の立て直しに奔走した結果、公共政策という専門と調査報道という手法がひとつになった。

「トピックを決める際、自分たちの情報源からヒントを得る場合もあります。貧困地区を歩いていて『おやっ?』と思ったことや、ビルの建設現場でふと感じたことも大切です。フリーランスの記者からアイデアをもらうこともあるし、ニューヨーク・タイムズの記事を読んでいて『もっと掘り下げた方がいいのでは』と感じて調査報道のテーマにしたこともある。テーマはあらゆるところに転がっているものです」。マーフィーさんにとって調査報道は足で稼ぎ日常的な気づきの中から生まれてくるもののようだ。

運営資金の多くは財団からの寄付だが、調査報道のプロジェクトごとに支援を受けるケースも多い。「最近、消防士の致死率とその原因について調査報道しました。これにはロングアイランド大学と調査報道基金から約一〇〇〇ドルの助成金を受けました」。数多くの財団に助成金を申請し、長期間にわたるプロジェクトへの助成金を受けることも多い。

マーフィーさんはこう話す。「一九七六年以来、非営利組織として活動しています。えてして人は何か行動を起こすときに、それがどのくらいのお金が必要なのかを考えずにやってしまうことがある。そうした過去の過ちを教訓にしながら、社会に対して責任ある調査報道の拡大をゆっくりと進めているところです」。

「シティ・リミッツ」は二〇〇七年に、ニューヨーク市の刑事司法システムにまつわる金の問題を調査した。ニューヨークでは軽微な犯罪で逮捕されたとしても、罪を認めるか保釈金を払わなければ裁判が始まるまで拘置所から出られない。保釈金を払うことのできない低所得者は拘置所に居続けるか罪を認めるしかない。生活のため早く拘置所を出て働こうと、やってもいない罪を認めて犯罪者になる貧困層が増えているという。

この調査報道はマーフィーさんが直接手掛けた。克明な取材と幅の広い分析によって問題点を明らかにした記事は米国内で高い評価を受けた。二〇一〇年には人権団体のヒューマン・ライツ・ウォッチが、この記事を元に新たな調査を開始し、法律改正を求める市民運動へとつながっている。「社会に大きなインパクト与えた調査報道のひとつではないでしょうか」とマーフィーさんは胸を張る。

「調査報道には、賞を取る記事、注目を集める記事、社会に影響を与える記事の三種類があります。でも、いかに社会にインパクトを与えるのかが調査報道の最大の目的ではないでしょうか。他のジャーナリストや人権団体にインスピレーションを与え、同じテーマを取り上げてくれれば、社会的影響力はさらに高まることでしょう」（マーフィーさん）。

4　ローカルにこだわるメディア

「シティ・リミッツ」は小さな地域に特化したハイパーローカル紙だ。現在、ニューヨークのブルックリン地区よりもっと狭い地区に焦点を当てた調査報道をめざしている。マーフィーさんによると、米国でハイパーローカル紙が話題になるのは、米国の大手メディアがどんどん読者を減らしているのに、小さな地域紙は反対に読者を増やしているからだという。

マーフィーさんはこう語る。「世界で何が起きているのかを知りたければニューヨーク・タイムズを読めばいい。でも自分の住んでいる所からわずか数ブロックの地区で何が起きているのかわからない。大新聞が部数を減らす一方、地域新聞が部数を伸ばしているのは、身近な場所で何が起きているのかに興味を持つ人が増えているからです」。

ハイパーローカル紙とは、地域（ローカル）に徹底的にこだわって報道するメディアのことだ。二〇〇五年に米国サンディエゴで設立されたNPOメディア「ボイス・オブ・サンディエゴ（VOS）」は地元住民の寄付で運営され、インターネットで地域のニュースや情報を流している。同時に、地元の政治家のスキャンダルや腐敗を暴く調査報道も実践している。

米国では経営危機を背景に多くの地方紙や地域紙が姿を消したが、職を失ったジャーナリストらがインターネットを使ってハイパーローカルメディアを立ち上げるケースも多い。ハイパーローカルメディアは大学キャンパスなどにも広がり、新たなNPOメディアのモデルとして注目を集めている。

日本で非営利のハイパーローカル紙といえば、新潟県上越市の地域紙「上越タイムス」の「NPOプレス」がある。地元のNPO法人「くびき野NPOサポートセンター」が、毎週月曜日にタブロイド判4ページを「NPOプレス」と題して責任編集している。十年以上前から始まったこの取り組みは、経営危機に陥っていた「上越タイムス」を蘇らせた。もちろん上越地区のNPO活動の活性化にも一役買っている。

ニューヨークでハイパーローカル紙が注目を集めるようになったのは、大手新聞が地域のニュースを取り上げなくなったからだ。昔はニューヨーク・タイムズ紙にもニューヨーク州やニューヨーク市だけをカバーしていたセクションがあった。「ハイパーローカル運動自体が、大手新聞が地元ニュースを取り上げなくなったことに対するリアクションです」とマーフィーさんは指摘する。とはいえニューヨーク・タイムズ紙など大手新聞が地域の話題をまったく取り上げなくなった訳ではない。地域の犯罪記事はニューヨーク・タイムズも紙面化するが、事件の背景を深く掘り下げ問題点を明らかにするような取材はできなくなっているというのだ。

「ニューヨーク・タイムズでも、サウス・ブロンクスやセントラル・ブルックリンで起きていることは紙面化されますが、その分量が『シティ・リミッツ』に比べて圧倒的に少ないということです。われわれがやろうとしていることは、実際に起きている出来事とニューヨーク・タイムズ紙が取り上げる記事の間のギャップを埋めることです」。

そのハイパーローカル紙にも課題はある。

「今後のハイパーローカルメディアを考えた場合、問題は三つあります。一つ目はジャーナリズムの質をいかに維持するのかという問題。二つ目は資金源の問題です。ローカルになればなるほど読者数は限られるので、ジャーナリズムに要する費用をどうやって捻出するのかです。三つ目は地域に特化してしまうと大きなコンテキストを見逃してしまう恐れがあるということです。地域の問題であってもニューヨークや米国全体とどのような関わりがあるのかという視点を失ってはいけません」

5 地域との対話を通し課題を発見

ブルックリン、ブロンクス、クイーンズなどニューヨークでも貧困層が多く住むといわれる地区をベースに、オンライン紙と隔月刊の雑誌を発行している「シティ・リミッツ」は、地域とのコネクションを大切にしている。ニュースにするテーマは、マーフィーさんらが地域を歩き、地域の人との対話を通して生まれることも多い。

マーフィーさんはこう話す。「記事を書くため、何年もかけて地域の人との関係を築いています。取材する対象となる人たちは、ある意味、読者とは異なる人たちです。その人たちは地元にいてそこで何が起きているのかをよく知っています。彼ら自身がニュースソースなわけです。現場に行って住民たちから情報を集めるというのがわれわれの調査報道の基本です。何年もかけて地域との継続したコンタクトをつくっています」。

こうした取材方法は、ニューヨーク大学教授のジェイ・ローゼンが提唱した「パブリック・ジャーナリズム」の発想と共通している。ジャーナリストが地域に入り込み、地域の人との対話を通してアジェンダ（課題）を見つけ、それに基づいてジャーナリストが取材して報道するという「パブリック・ジャーナリズム」は調査報道ＮＰＯのコンセプトとして生きていた。

マーフィーさんも「パブリック・ジャーナリズム」との親近性についてこう語る。「アメリカにはこれまでも『公共の利益』のために活動するジャーナリズムはありました。政府の腐敗や権力犯罪を暴くといった『公共の利益』のためのジャーナリズムです。ハイパーローカル紙は公共サービスに特化した形で記事にできるという利点があります。スポーツやエンターテインメントなど余計な記事を書く必要はありません。『公共の利益』に資する記事に集中できるのです」

最後にマーフィーさんは米国のメディア事情を嘆きながら調査報道ＮＰＯの存在意義をこう語った。「アメリカのテレビ、ラジオ、新聞はここ数年、非常にバカバカしい番組や記事を垂れ流すようになりました。読者は欲求不満に陥っています。『シティ・リミッツ』はこうした米国のマスメディア状況に対して、徹底取材した内容の濃い記事を掲載することで変革を求めているのです。最近、フェイスブックやツイッターが注目を集めていますが、あんなに少ない文字数で内容のあるメッセージを伝えることは不可能です。『シティ・リミッツ』はツイッターやフェイスブックなどを含めた他のメディアがやらない方法でニュースを掘り起こし、真相に迫り、市民に行動を促すメディアです」

6 貧困・格差是正を求める占拠運動

隔月刊の「シティ・リミッツ 都市ニュースと調査」（六四ページ、四・九五ドル）二〇一二年七・八月号の特集はずばり「米国の貧困」だった。「貧困を覚えているか？ 一五〇万のニューヨーカーは忘れることができない」とサブタイトルを打った同誌は、米国の貧困を歴史的・社会的・経済的観点から分析した計二万字に及ぶ記事で埋まっている。

巻頭記事では、一九五九年～二〇〇九年の半世紀で、七九年以降、貧困層の割合はドンドン上昇している現状を紹介。二〇〇九年の「一四・三％」という貧困率は、五九年の「二二・四％」に次いで最も高い数値を示しており、その背景を探っている。

また、米国政府の政策の失敗、マンハッタンのローアーイーストサイドやブロンクス、クイーンズ、ブルックリンなどニューヨークの貧困地区の住民の生活ぶりなどを報告し、一九八〇年には「一二％」だった富裕層の割合が、二〇〇七年には「四四％」に膨れ上がっていることを正確な数字で指摘している。

米国の貧困問題とニューヨークの富裕層への富の偏在を明らかにした「シティ・リミッツ」の調査報道は全米で大きな反響を呼んだ。確かに、「ウォール街占拠運動」は当初、カナダ・バンクーバーのＮＧＯメディア「アドバスター」によるツイッターやフェイスブックでの呼び掛けに応じて自然発生的に始まった。

だが、「ウォール街を占拠せよ！」「私たちは九九パーセントだ！」をスローガンにした社会運動がまたたく間に全米各地に広がった背景に、「シティ・リミッツ」のような地道なジャーナリズムとアクティヴィストたちの活動があった。

「ウォール街占拠運動」のもう一つの主張は、「トービン税（金融取引課税）」の導入だ。世界市場を席巻する過剰な金融取引に課税し、金融取引を抑制しようというのが同税の目的だが、金融取引への課税によって生み出される資金をアフリカや中東など第三世界の貧困問題やエイズ問題の解決に充てるという新しい目的も付け加えられている。

貧困・格差是正を求めて、世界の金融市場の象徴であるウォール街で始まった占拠運動は必然的に、一部富裕層への富の偏在を許してきた金融市場を批判し、「トービン税」導入を求めた。トービン税は「アドバスター」などによって北米では「ロビンフッド税」と呼ばれている。

経済的な格差是正を目的とした「トービン税」の導入を求める声は、米国の貧困問題と格闘してきた「シティ・リミッツ」の調査報道と無縁ではない。

7 フランスのNGO「ATTAC」が提唱した「トービン税」

そもそも「トービン税」導入は、一九九七年にフランスの月刊紙「ル・モンド・ディプロマティーク」の記事が元になって結成された国際NGO「ATTAC（市民の支援のために金融取引税導入を求める市民団体）」の主張だった。

ATTACは金融支配による新自由主義的グローバリゼーションに対抗し、「もう一つの世界」をめざすグローバルジャスティス運動を展開してきた。毎年一月にスイスのダボスで開かれている「世界経済フォーラム」に対抗するため、同時期にブラジルなどで開催している「世界社会フォーラム（WSF）」もATTACが準備した。

WSFは明確なリーダーや組織によってではなく市民の自発的参加に基づいて取り組まれる大衆市民運動の先行モデルとなり、スペインの「怒れる者たち」の運動やニューヨークの「ウォール街占拠運動」など世界中に拡散した大衆的社会運動のあり方を決定づけた。ATTAC創設は、「ル・モンド・ディプロマティーク」の編集総長、イグナシオ・ラモネが一九九七年一二月号で掲載した巻頭記事「金融市場を非武装化せよ」によるところが大きい。

ラモネは「資本の無規制な流れは民主制を揺るがす。だからこそ抑止的なメカニズムの導入が重要だ」として「トービン税」導入を提唱した。国際金融取引に少し課税すれば市場を安定化させるだけでなく、貧困やエイズ対策の資金源にもなるからだ。

ラモネの記事に対し多数の投書が寄せられ、国際NGO「ATTAC」を地球規模で作りだそうという動きが始まった。一九九八年六月、同紙代表取締役のベルナール・カセンが初代議長となりATTACが発足した。ATTACは欧米各国をはじめ世界中に広がり、日本でも二〇〇一年一二月にATTACジャパンが設立されている。

ATTACの活動は、フランスと歴史的・文化的に関係の深いカナダのNGO「アドバスター」に引き継がれ、北米初の世界と結ぶ社会運動の引き金になったことは上記の通りだ。

真の民主主義の奪還を求める「ウォール街占拠運動」は世界的な広がりを見せたが、こうした国際的な市民運動の広がりは、毎年、数十万人の市民が集まるWSF同様、日本の新聞やテレビでは一切報道されていない。

中東で始まった「アラブの春」、ニューヨークで始まった「ウォール街占拠運動」などについては日本のメディアでも報道された。ただし国際的な社会連帯の拡大といった本筋を突いた報道はみられなかった。

マスコミは、ツイッターやフェイスブックといったSNS（ソーシャル・ネットワーキング・システム）の進展による新しい社会現象という外形的事実にのみ着目し、本来の市民運動の意義を換骨奪胎してしまった。

長年、市民社会に背を向けて官庁の「広報紙」となってきた日本のマスコミは、ＡＴＴＡＣの活動やＷＳＦを含む世界に広がる国際市民運動に関心を示そうとはしなかった。

８ 「怒れ！憤れ！」

ニューヨークの「シティ・リミッツ」の調査報道とＡＴＴＡＣや世界のアクティヴィストによる社会連帯を求める市民運動が、「貧困・格差」を拡大再生産する金融資本主義に対する「激しい怒り」に火をつけ、燎原の火となって若者らをウォール街へと向かわせた。

運動には、経済学者ジョゼフ・スティグリッツ、哲学者スラヴォイ・ジジェク、政治活動家アンジェラ・ディヴィス、ジャーナリストでアクティヴィストでもあるナオミ・クラインらが駆けつけ、「一パーセント」の富裕層が支配する米国の政治と経済を糾弾する占拠者（オキュパイアーズ）たちにエールを送った。

「ウォール街占拠運動」は世界中に広がった。欧州中央銀行（ＥＣＢ）、ＥＵ委員会、国際通貨基金（ＩＭＦ）が三位一体となっての危機管理政策に反対するため、ドイツはもちろん、ギリシャ、ポルトガル、イタリアなど「緊縮財政」と戦う地域の「怒れる者たち」や「占拠者」も参加した。

五月一六日にはＥＣＢ理事会への抗議行動、一七日にはフランクフルトの金融街でのオキュパイ運動、一八日にはＥＣＢと主要銀行の封鎖行動、一九日は欧州中から集まった市民による大規模なデモ行進を実施した。ＡＴＴＡＣ欧州ネットワークも「中央銀行と緊縮財政」「どのように債務監査をすべきか？」などをテーマにワークショップを開いた。

一九日のデモ行進は、ＥＣＢ、ＥＵ委員会、ＩＭＦが三位一体となってギリシャに押しつけている「危機管理政策」に反対する国際的デモンストレーションとして呼びかけられ、ドイツ、ギリシャ、ポルトガル、イタリアなど同様の緊縮財政と戦う地域、チュニジアなど「アラブの春」の市民活動家、ニューヨークのオキュパイ運動活動家ら数万人が参加し、緊縮財政と新自由主義グローバリゼーションを批判した。

並行して欧州では、行きすぎた金融資本主義を批判し、社会的正義と民主主義を求める「怒れる者たち」の反乱が起きている。二〇一一年五月、スペイン・マドリードやバルセロナで起きた「怒れる者たち」の抗議行動は、ロンドンなどに広がり、「ウォール街占拠運動」への流れを作った。

「貧困・格差是正」を求める若者たちの反乱として広がった反乱は、フランス人の元レジスタンス闘士、ステファン・エセルの著書『怒れ！憤れ！（*Indignez-Vous!*）』（日経ＢＰ）が発端になった。エセルは、世界で不正義が横行しているなか、無関心でいる人々に対して、ナチに逮捕されて処刑される寸前に脱出した自らの若き日々を振り返りつつ、「世の不正義に目をつぶるな。行動を起こせ！」と訴えた。

「若者よ、無関心はいけない。怒りを持って行動せよ」「金融市場が世界を支配し平和と民主主義を脅かすのを容認してはならない」という老闘士の魂の叫びは、二〇一〇年秋にフランスで出版されると、二〇〇万部を超す大ベストセラーになった。世界三〇カ国で翻訳され、欧州その他でも二〇〇万部売れた。

二〇一二年五月に社会党のフランソワ・オランドがフランス大統領に選出された背景には、「ウォール街占拠運動」や「怒れる者たち」の反乱も一役買っている。オランドは「公正」「平等」「尊厳」をキーワードに大統領選挙を戦った。

オランドはエセルを招いて意見交換会を開き、パリ郊外の集会で「私の真の敵対者は金融界だ」と明言した。さらに、所得税改革で年収百万ユーロを上回る富裕層に高い税率を課すことを公約している。こうしたオランドの政策には、エセルの主張や「格差是正」運動の影響が色濃く見て取れる。

9 マスメディアに変革を求める市民運動の必要性

「ウォール街占拠運動」の批判対象は、運動開始後すぐにウォール街から米国社会全体の不平等へと向かった。運動のスローガンも、スティグリッツが雑誌「ヴァニティ・フェア」(二〇一一年五月号)に掲載した論文「一パーセントの一パーセントによる一パーセントのための政治」

を引き合いに、「一パーセント」の富裕層に対する「九九パーセント」のわれわれを強調するものに変わった。

米国内で政治的・経済的に圧倒的な権力を持つ少数の富裕層と、それを容認している政治制度に対する怒りが占拠運動によって爆発したのだ。

こうして「われわれは九九パーセントだ！」をスローガンとした運動は、非正規雇用や失業の問題を訴え、米国社会全体に広がる不平等の是正を求める社会運動へと変貌した。

集まった市民や学生たちは「革命」ではなく「変革」を求めた。モラルを失った金融市場と機能不全の政治制度に「ノー」を突き付け、正しく平等に分配される市場経済の実現を目指した。

運動の特徴は、参加者全員に発言権を保証する「ゼネラル・アセンブリー（総会）」での熟議を通して運動方針を決定していることだ。政党や労組が指導し動員をかけるという従来型の運動とはまったく異なる。司令部や本部がなく明確なリーダーさえいない。直接民主主義と連帯意識に基づくさまざまなルールをつくり、皆が役割分担することで運動を支えた。

占拠運動はその後、全米だけでなく、カナダやドイツなど世界八二カ国九五都市に広がり、ニューヨークへ戻って来た。地球を一周したのだ。

スペインでも二〇一二年五月一二〜一五日にマドリードとバルセロナの広場に「15M」運動（二〇一一年五月一五日にスタートしたことに由来）に参加した「怒れる者たち」が再び大挙して集

まった。

彼らは「15Ｍ」運動の一周年を記念して、「われわれは九九パーセントだ！」「銀行と金持ちを救済する『緊縮財政』に断固反対する！」とのスローガンを掲げて大規模なデモ行進を行った。

カナダのケベック州では、授業料値上げに反対する大学生が無期限ストライキに入り、五月二二日にはモントリオールで三〇万人が参加する大規模デモ行進が行われた。「メープルの春」と呼ばれるこの運動は、全カナダに広がり、「緊縮財政」や経済不安、学生ローンの重圧にあえぐ世界中の若者の共感を得た。

米国では五月二〇日にキャンプデービットで開かれた主要国首脳会議（Ｇ８）に対する抗議行動として「オキュパイ運動」が再燃した。今回は「全米看護師連合」も立ち上がり、国際金融取引に課税し貧困格差問題解決の資金とする「金融取引税（トービン税＝米国ではロビンフッド税）」導入を求めてデモ行進した。

この抗議行動のスローガンは「アメリカを治療しろ！」「民衆への課税ではなく、民衆のための課税を！」だった。野田政権が消費税増税を掲げ、「税と社会保障の一体改革」を標榜し、ＴＰＰ加盟を推進したのは、「Ｇ20」や「Ｇ８」、ひいては米国の圧力に屈したからにほかならない。

欧米で一年以上前から続いている大規模な大衆社会運動が今後、どのような方向へ向かうのかは未知数だ。だが、先進国の中で日本だけがこの運動に無頓着だった。メディアが伝えなかったからだ。

「脱原発」やＴＰＰに反対する市民活動に参加している人たちの多くも、欧米の社会運動の存在さえ知らず、それに共感し連帯しようとする動きはほとんどみられなかった。マスコミ報道のあり方とマスコミ報道を鵜呑みにする国民性の両方に問題があるのではないか。

欧米のメディアは、ＷＳＦはもちろん「占拠者」や「怒れる者たち」の運動を継続的に報道してきた。オンライン紙だけでなく、マスメディアの中にもそうした運動に注目し、世界史的な意義を分析・検証して報道するものも数多く存在した。内向き傾向の強い日本メディアとは雲泥の差がある。

近年、ツイッターやフェイスブックなどＳＮＳの進展で、マスコミ報道の問題点が一般市民の目にも明らかになりつつある。福島第一原発事故報道では、国と東電による「大本営発表」という批判も受けた。

長年、「オカミ」のプロパガンダ機関として機能してきたマスコミ報道の実態が認識されるようになったが、ジャーナリストが国内外の市民社会で起きていることに関心を持つようになれば、画一的といわれるマスコミ報道も変わるのではないか。

真に民主的で自立した市民社会を創設するには、「トービン税」導入や「格差是正」を訴えるアクティヴィストたちの活動と、それを支援する「シティ・リミッツ」のようなジャーナリズムの存在が必要だ。画一的なマスコミ報道に変革を求める市民活動の盛り上がりがあってこそ

「市民の視点」に立ったジャーナリズムは可能になるからだ。

米国で発展し拡大している調査報道ＮＰＯについて検証することは、日本のマスメディア変革と市民活動の質的向上にとって大きな意義があると思う。

第2章　ピュリツァー賞受賞「プロパブリカ」

1　調査報道NPOの寵児

ニューヨーク・マンハッタンにある調査報道NPO「プロパブリカ（ProPublica）」は、二〇一〇年、二〇一一年と二年連続でピュリツァー賞を受賞した。民間非営利団体（NPO）である「プロパブリカ」は一躍、米国ジャーナリズム界の頂点に躍り出た。ピュリツァー賞は、報道・文学芸能・音楽部門で卓越した記事や作品に贈られる米国で最も権威のある賞だ。一九一七年、新聞経営者だったジョゼフ・ピュリツァーによって創設された。

ピュリツァーは、二〇〇万ドルをコロンビア大学に寄贈、米国で初めてのジャーナリズム科大学院を開設した。ピュリツァーの遺言で、二〇〇万ドルのうち五〇万ドルがこの賞に充てられることになった。同賞の運営はコロンビア大学に任されてきた。

同賞の中でも最も有名な賞が報道部門賞だ。この賞はピュリツァーにとっても特に思い入れのある賞だ。同賞の審査基準についてピュリツァーは「社会的不正義や権力濫用の暴露」に重点を置くようにとの遺言を残している。彼の遺言通り、毎年、「ウォッチ・ドッグ（権力監視）」型のジャーナリズムにこの賞が与えられている。

「プロパブリカ」は、カリフォルニア州のサンドラー財団によって二〇〇八年に創刊された。インターネットで記事を掲載するオンライン紙だが、主に個人や財団などからの寄付で運営するＮＰＯメディアだ。

「プロパブリカ」のオフィスは、ニューヨーク市ブロードウェー五五番地の超高層ビルの二三階にある。ニューヨークでも最も南のロウアーマンハッタンに位置し、世界の金融市場ウォール街や世界貿易センタービル跡地から歩いて数分の距離にある。

二三階のフロアからはハドソン川や自由の女神の立つリバティ島が間近に眺められる。仕切板に囲まれた記者ブースが並ぶ整然としたオフィス空間は、ＮＰＯというより、米国の最先端ＩＴ起業のようだ。

カリフォルニア州の金融業者サンドラー夫妻は二〇〇八年のリーマン・ショックなどをへて、米国の新聞業界が経済的な危機を迎え、特に各新聞社の調査報道セクションが衰退し縮小しつつある現状に危機感を感じ、公共的なジャーナリズムを再興しようと思い立った。

夫妻は三年間で計三〇億ドルという巨額の資金を提供し、三〇数人の記者を集めて調査報道に特化したＮＰＯをつくった。

調査報道の核となる編集長には、ウォール・ストリート・ジャーナル紙（ＷＳＪ）編集長のポール・スタイガーに白羽の矢を立てた。スタイガーは一六年間、ジャーナル紙の編集長を務めた大物エディターだ。誠実で穏和な人柄でも知られている。二〇〇六年に夫妻はスタイガーに「あなたの協力がほしい」とアプローチした。スタイガーは二〇〇七年末までＷＳＪとの契約が残っていた。このため「プロパブリカ」の創刊はスタイガーが正式にジャーナル紙を退職した後の二〇〇八年一月にずれこんだ。

２　ウォール・ストリート・ジャーナル紙

二〇〇七年当時、ＷＳＪを発行するダウ・ジョーンズ社は、揺れに揺れていた。水面化でオーストラリア系アメリカ人実業家、ルパート・マードックによる売買工作が進んでいたからだ。ＷＳＪは、「ダウ式平均株価」というニューヨーク株式の指標で知られるダウ・ジョーンズ社が一八八九年に創刊した米国きっての老舗経済紙だ。

マードックは、英国のタブロイド紙、ザ・サンや名門紙のタイムズ、米映画会社、二〇世紀フォックスなどを次々と買収する一方、米テレビ・ネットワーク、ＦＯＸを設立し、世界的な「メディア王」と呼ばれる存在になっていた。

マードックは政治的に保守派といわれることが多いが、特にリベラルな紙面で知られるニューヨーク・タイムズ紙を毛嫌いしていた。そこでニューヨーク・タイムズ紙に攻撃的な戦術を仕掛けようと、ニューヨークで大きな影響力を持つ保守派のＷＳＪの買収に乗りだし、ダウ・ジョーンズ社のオーナー、バンクロフト家を破格の買収金額で籠絡してしまった。

スタイガーは一六年に及ぶＷＳＪの編集長時代、一貫して一般ニュースより長文の解説記事や論説記事を重視する紙面政策をとった。毎朝、一面には「リーダー」と呼ばれる深く掘り下げた長文記事が掲載された。そのＷＳＪの長年の伝統をマードックは根底から覆した。ＷＳＪの顔だった「リーダー」を廃し、ゴシップやストレートニュースを重視する大衆紙へと舵を切った。

また、編集者の数を減らしコスト削減を求めることで、「全米で最も校正を徹底した日刊紙」というＷＳＪの定評も変えてしまった。後日談だが、二〇一〇年八月、日本の民主党代表選に小沢一郎が立候補し、菅直人首相と対決したとき、ＷＳＪは菅首相の名前を「ＮＡＮ（ナン）」と表記し失笑を買っている。

結局のところ、スタイガーはＷＳＪがマードックに身売りされる直前のタイミングで難破船から逃げ出したといえる。二〇〇七年一一月に催されたスタイガーの退任祝いには財務長官やニューヨーク市長、ニューヨーク・タイムズ会長らも出席した。スタイガーはＷＳＪの伝統と評価、人脈をそのまま携えて「プロパブリカ」に移籍した。

スタイガーを編集長に迎えた「プロパブリカ」は二〇〇八年六月からインターネットで記事の掲載を開始した。スタイガーの編集方針は、政府や官僚、政治家、大企業、ＮＰＯを対象に、あらゆる社会的不正や権力の濫用を暴きだすことにあった。

そのため編集スタッフの大半は、さまざまな角度から絞り込んだテーマに応じて情報収集やデータ分析を行い、半年や一年間といった長期間の調査と取材に入る。もちろんそれなりの労力や時間を費やして取材を積み重ねても思うような結果が出ない場合も多い。サンドラー夫妻の財団はこうしたカネと時間のかかる調査報道を資金面で支え続けている。

3　二度のピュリツァー賞

二〇一一年八月二七日、大型のハリケーン「アイリーン」がニューヨークを直撃した。

筆者がその日初めて訪れた大都会は文字通り機能不全に陥っていた。地下鉄もバスもストップし、ブロードウェーのミュージカルも五番街の高級ブティックもメトロポリタン美術館も門戸を閉ざし、行き場のない観光客が暴風雨の中、雨合羽をかぶって右往左往していた。

営業しているレストランを探し、ゴーストタウンと化した摩天楼をタクシーで突っ走ると、黒人の運転手が詩人のようにつぶやいた。「二四時間眠らない町ニューヨークが今眠っている。自然の前にひれ伏したかのように」

「アイリーン」は土曜日のニューヨークに上陸したが、間もなく熱帯低気圧に変わった。ニューヨーク最南端のバッテリー公園では浸水騒ぎがあり、市内のあちこちで街路樹がバサバサと倒れていた。

「プロパブリカ」を訪問した朝は、前の晩までの暴風雨が嘘のように、空は青く晴れ渡っていた。何事もなかったような顔つきのニューヨーカーとともに、地下鉄「ウォール街」駅から地上に出ると、ゴシック建築の「トリニティ（三位一体）教会」が目に飛び込んできた。一八四六年に建てられたこの教会はニューヨーク港に入る船の目印の役目を果たしたという。教会の墓地にはアメリカ合衆国建国の父の一人、アレクサンダー・ハミルトンが眠っている。

二〇〇一年九月の同時多発テロで世界貿易センタービルが崩壊した際、多くの人たちが教会に殺到した。救助活動に当たった消防士たちもフル装備のまま教会のベンチに横たわって仮眠をとった。

「ようこそいらっしゃいました」。近代的な超高層ビルの二三階でエレベーターを降り、プロパブリカのオフィスに入ると、広報担当のミンヒ・チョウさんがにこやかに出迎えてくれた。大学で宣伝・広報や渉外活動などパブリック・リレーションを専門的に学んだというチョウさんは、「プロパブリカ」の報道理念に共感し、二〇一一年一月に就職したばかりだ。

「プロパブリカ」は、二〇一〇年、二〇一一年とピュリツァー賞を受賞したため、全米はもとより世界中のメディアから注目を集めるようになった。国内外からさまざまな問い合わせが来るほか、直接見学に訪れるメディア関係者や研究者も多い。

「私が働き始めて数カ月後のタイミングで二度目のピュリツァー賞を受賞しました。とても感動しましたよ。編集スタッフが限られた時間の中でいかに素晴らしい仕事をしているのかがよく分かりましたから」

４　ハリケーン「カトリーナ」

「プロパブリカ」の編集スタッフ三五人の中には、ワシントン・ポスト紙やニューヨーク・タイムズ紙、ロサンゼルス・タイムズ紙など大手メディアでキャリアを積んだ経験豊富なジャーナリストもいる。

過去にピュリツァー賞など評価の高い賞を取ったことのある記者も複数いる。ジャーナリストスクールを出たばかりの若者やインターン生として一定期間働いた後で就職した者など、スタッフのキャリアや年齢はさまざまだ。

編集スタッフはデスクと記者が一つのチームを組み、財政や政治、社会など部門ごとにトピックを追いかける。長期間の取材は数人がかりでやるケースが多いが、中には日々のニュースを追いながら調査報道を手がける記者もいる。

二〇一〇年のピュリツアー賞は、二〇〇五年八月に米国南東部を襲った「カトリーナ」をめぐる調査報道によって受賞した。記事の題名は「死の選択――カトリーナ襲来後のメモリアル医療センター（*Deadly Choices　Memorial Medical Center After Katrina*）」。「今回ニューヨークを襲ったアイリーンで警戒が厳重だったのは、カトリーナのときに政府の対応が遅れたと批判されたからです」。広報担当のチョウさんはこう前置きし、シェリー・フィンク記者が七カ月間かけた調査報道について語りはじめた。

「この取材には、関連データ収集や情報の裏取りのためフィンク記者以外に六人の記者が協力しています。もちろんフィンク記者にとっては初めてのピュリツァー賞受賞でした」

二〇〇五年八月、「カトリーナ」が米国南東部を襲い、ルイジアナ、ミシシッピ、フロリダ州などで一八〇〇人を超す死者を出した。カトリーナの再上陸でルイジアナ州ニューオーリンズは全市の八割が冠水し、五〇万人近い住民に避難命令が出された。

市の公共サービスは完全にストップし、支援物質が不足するなど被災者への対応が大幅に遅れ、高齢者や患者らの衰弱死が相次いだ。長期間にわたって孤立した町は廃墟のように寂れ、収容されない遺体が水没した路地を流れていくありさまだった。

「カトリーナ」が去った後、ニューオーリンズのアップタウンにある「メモリアル医療センター」で多数の患者の遺体が発見された。致死量のモルヒネなど薬物を使った「安楽死」事件だった。

この事件は「カトリーナ」のエピソードの一つとしてマスメディアを一時的に賑わせたが、あっという間に多くの米国民の視界から消えてしまった。

二〇〇八年、調査報道のトピックを捜していたフィンク記者は「メモリアル医療センター」

内部での出来事に興味を感じた。実は彼女は医師の資格を持つ変わり種の記者だった。スタンフォード大学で脳神経科学の博士号を取得し、ボスニア・ヘルツェゴビナ紛争で虐殺事件が起きたスレブレニツァの病院を舞台した著書、『戦争病院（ウォー・ホスピタル）』（*Sheri Fink*, *War Hospital*）では全米医療記者協会特別賞を受賞していた。

彼女はニューオーリンズに入り込み、医師や看護師、救急隊員など関係者へのインタビューを開始した。こうしてまとめた長文の記事は二〇〇九年八月三〇日、「プロパブリカ」のオンライン紙とニューヨーク・タイムズ紙の日曜版別冊「ニューヨーク・タイムズ・マガジン」に同時掲載された。

5 「生と死」の選択

記事の出だしはまるでホラー小説のようだ。「病院内の礼拝堂の木製扉を開けた瞬間、救助隊員は強い死臭に圧倒された。内部には一二体を超す遺体が白いシーツに包まれ、簡易ベッドや床に横たわっていた」。

記事によると、二〇〇五年八月三一日午前、「メモリアル医療センター」のバックアップ電源が途絶え、ライフケアセンターの生命維持装置がストップし、重症患者が苦しみ始めた。沿岸警備隊のヘリの到着を待つ間に、酸素がなくなり高齢の患者らが次々と死亡しはじめた。

ライフケアセンターに取り残された百人以上の重症患者を円滑に避難させるため、病院側は患者を比較的症状の軽い患者（区分1）、より症状の重い患者（区分2）、最も重症の患者（区分3）の三つに分類した。その後、数回、沿岸警備隊のヘリがやって来て患者の一部は救助されたが、屋根の上に取り残された人々の救助が優先されたため、医療センター二階に集められていた区分3の重症患者の救助はまったく進まなかった。彼らはDNR（生命維持装置停止）患者でもあり、その扱いをめぐって医師らの葛藤が始まった。

病院の管理者だったクック博士は、パウ博士に患者の苦痛を和らげるため、モルヒネとベンゾジアゼピンなど薬物を組み合わせて使用する方法について説明した。その効果について、クック博士は「（患者が）眠りながら死んで行く」と語った。この指示通りにパウ博士は数人の看護師とともに、区分3のDNR患者に薬物を投与し遺体を礼拝堂に運んで安置した。絶望的な状況下での出来事だった。

二〇〇五年九月一一日、救助隊は医療センターの礼拝堂から四五人の遺体を収容した。このうち九人は医師や看護師らから致死量のモルヒネなどを投与された可能性があることが判明、司法当局が捜査を開始し、翌二〇〇六年七月、パウ博士らは第二級殺人罪で連邦警察によって逮捕された。法廷では、DNR患者への薬物投与が「苦痛を和らげるための適切な治療行為」だったのか、「違法な安楽死」だったのかが争われた。

二〇〇七年三月、大陪審は、孤立した被災地という絶望的な状況の中で、患者の苦痛や苦しみを軽減する唯一の方法だったとする主張を認め、パウ博士らを無罪放免にした。

フィンク記者は、患者の「生と死」の選択を迫られたパウ博士、クック博士、看護師、生き残った患者らへの粘り強いインタビューを通して、「生と死」をめぐる極限のストーリーを克明に描きだした。医療行為と安楽死、医療行為に伴う刑事上の責任、医師のモラルと人道的措置――などさまざまな問題を提起し、大きな社会的反響を呼んだ。

この調査報道にかかった約四〇万ドルの取材費は、「プロパブリカ」と「ニューヨーク・タイムズ・マガジン」が折半した。

6　既存紙との協働

フィンク記者の記事で受賞したピュリツァー賞は、ワシントン・ポスト紙やニューヨーク・タイムズ紙など伝統的な大手商業紙が長年独占してきた調査報道部門賞だった。広報担当のチヨウさんはこう語る。

「他の商業メディアに比べて調査報道に予算を豊富に割くことができます。商業メディアと違って締め切りに追われることもありません。基本的に自分たちのやりたいこと、好きなことだけできます。結果を出すまで長期間にわたって取材を続けることも可能です。何より取材に必要な経費は大概もらえます。ピュリツァー賞受賞はさまざまな幸運が重なった結果ですね」

既存の商業メディアにはできなくなった調査報道は、今や米国ではNPOメディアに引き継がれた感がある。ワシントン・ポスト紙もニューヨーク・タイムズ紙も調査報道部門は風前の灯となっている。それだけに既存の商業メディアにとって「プロパブリカ」は脅威になっているのではないか？

チョウさんはその疑問を否定する。「プロパブリカはニューヨーク・タイムズやワシントン・ポストとパートナーを組んでいます。それ以外の新聞も含めてプロパブリカが公表した記事はそのまま無料で使用することができるんです。クリエイティブ・コモンズ・ライセンスを認めているからです」

「プロパブリカ」の特ダネ記事を提携紙が使う場合、新聞の朝刊時間帯に合わせて、「プロパブリカ」は午前一〇時に記事をオンライン上にアップする。一度アップされた記事は著作権を留保し出版物の創造・流通・検索の便宜を図る「クリエイティブ・コモンズ・ライセンス」に基づき、事前許諾や著作権使用料は必要なく、他のメディアが繰り返し使用することができる。「クリエイティブ・コモンズ・ライセンス」はウェブ上の一種のプロジェクトだ。著作権者が文書、動画、音楽、写真など出版物や作品を発表する際に知的所有権や著作権の壁を突破し、情報の共有化を図ろうというのが狙いだ。

このように既存メディアとの協働関係をフルに利用し、自らの調査報道の価値を高めているのが、米国調査報道NPOの特徴といえる。世論や社会に訴える効果を高める戦略といってもいい。「プロパブリカ」だけでなく、ＮＰＯメディアの多くが全国紙や地方紙など全米メディアと協力し合いながら、皆が勝者になるＷＩＮ－ＷＩＮな関係をつくっている。

インターネットはあくまでツール（道具）の一つにすぎない。それを使う人間の意図や思惑によってインターネットは有効なツールにも無効なツールにもなりうる。それをよく熟知している「プロパブリカ」はオンラインで記事を公表する一方で、新聞やラジオ、テレビなど既存のメディアとの連携タイアップを重視している。

7　ヘッジファンドの陰謀

翌二〇一一年もプロパブリカはピュリツァー賞の国内報道部門賞を受賞した。二年連続でのピュリツァー賞受賞という快挙に、ＮＰＯメディアが世界中の注目を集めることになった。

国内報道賞の記事のタイトルは、「ウォール街マネー・マシーン（*The Wall St. Money Machine*）」。二〇〇八年に世界同時株安を引き起こした「リーマン・ショック」の内幕物語だ。ウォール街の金融取引を悪用して多額の特別配当を懐に入れた銀行家やヘッジファンドの「陰謀」を見事に暴露した。

この企画はシカゴの公共ラジオなどとの協働プロジェクトとしてジェイク・バースタイン記者とジェシー・アイジンガー記者が取材した。

「リーマン・ショック」とは、返済能力に乏しい借り手に強引な手法で貸し付けた住宅ローンである「サブプライムローン債権」が引き起こした世界的同時株安のことだ。サブプライムローンは「優良客（プライム層）」より「信用度の低い人（サブプライム層）」向けのローンであり、住宅を担保とする住宅ローンを対象とする。中には自動車担保のローンも含まれていた。

いずれにせよ、債務履行の信頼度が低いので、その分、金利が高く設定されており、証券化すれば利回りは高い。住宅バブルによって住宅の価格が上昇し続けている時期には、ローンの借り換えなどで支払わせ、借り手が返済できなくなっても担保物件を売れば債権を回収できた。

こうしてハイリスクのサブプライムローン債権が、返済能力の高い他の優良住宅ローン債権と組み合わされ、さらに他の債権とも合体され、ＣＤＯ（債務担保証券）へと形を変えていった。この結果、サブプライムローン債権のリスクはどんどん拡散され、一体、どこにどれだけのリスクがあるのか誰にもわからなくなってしまった。

このハイリスク・ハイリターンのサブプライムローン債権関連の金融商品が世界中で飛ぶように売られた背景には、米国の証券会社が高い格付け（トリプルＡ）をして販売促進に手を貸したからだ。一種の詐欺商法といえる。証券会社や銀行は、世界的なカネ余りや各国の金融規制緩和の発動に乗って売りまくり、サブプライムローン関連の金融商品の発行高は一兆三〇〇〇億ドルに達した。

ところが、二〇〇七年夏、全米で住宅価格が下落し、返済延滞率が上昇した。いわゆる住宅バブルがはじけ飛び、サブプライムローンの債権が組み込まれた金融商品の信用も失墜し、市場で投げ売り状態になった。翌二〇〇八年、このあおりを受けて大手投資銀行・証券会社のリーマン・ブラザーズが米国史上最大の負債総額六一三〇億ドルを抱えて倒産、銀行大手のバンク・オブ・アメリカが証券大手のメリル・リンチを買収し救済、保険最大手のＡＩＧはＦＲＢ（米連邦準備制度理事会）から八五〇億ドルの緊急融資を受け、国有化された。さらに証券大手、ゴールマン・サックスとモルガン・スタンレーが銀行持ち株会社に転換し、わずか半年間で米国の証券大手五社が姿を消した。

米国内だけでなく、リーマン・ショックは海外に広まり、世界的な金融不況を招いたが、サブプライムローン問題を利用して大儲けした者もいた。サブプライムローンは、通常は住宅ローン担保証券の形で証券化され、さらにＣＤＯの形で再証券化され、投資家に販売された。住宅ローン債権が証券になり、金融機関や投資家の間で取引され、その結果として住宅ローンの債務者の弁済先は銀行から金融機関や投資家に移行することになる。このＣＤＯ取引を利用して大きな利益を上げた者がいた。

「プロパブリカ」はシカゴ出身のヘッジファンドの運用会社マグネターに焦点を当てて取材した。ヘッジファンドは、金融派生商品（デリバティブ）を駆使して投機的に高い運用利益を上げる投資ファンドだ。原資産取引の元本は必要ではなく、低額な証拠金を準備するだけで取引が可能となるため、運用利回りは原資産取引に比べて一〇倍〜三〇倍程度も高くなる。

もちろん損失も一〇~三〇倍となるため「ハイリスク・ハイリターン」取引といわれる。マグネターと一緒に取引に加わった銀行家は、リスキーな取引を悪用して、実に四〇〇億ドル以上という巨額の利益を手にした。「プロパブリカ」はこの衝撃的な事実と詳細な手口を暴き、「ヘッジファンドの陰謀」と名付けて詳細に報道した。

8 社会にインパクトを与える

ピュリツァー賞の受賞によって、「プロパブリカ」のウェブサイトへのアクセスは大幅に増加した。「プロパブリカ」ではサンドラー財団以外にも複数の財団からの資金提供があるが、それ以外に、個人からも五ドル~一〇〇〇ドルの幅で寄付を受けている。中には単発で一〇〇万ドルを寄付した人もいたという。同賞受賞以降は知名度が上がり、毎週五ドルずつ寄付する市民など小口寄付者が増えている。

チョウさんは語る。「ウェブサイトはツイッターやフェイスブックなどソーシャルメディアにもリンクしています。ツイッターのフォロワーは一年目では約一万七〇〇〇人でしたが、現在は六万二〇〇〇人に増えました。ピュリツァー賞の効果でしょうか?」。

ウェブサイトを訪れる人が増えているのは間違いないことのようだ。だが、「社会的インパクトを与える」という調査報道の目的と、人気のあるウェブをつくることは、なかなか両立が難しい課題ではある。

チョウさんによると、「プロパブリカ」の調査報道が引き金となって社会運動が起きたことがあるという。ウェブサイトへのアクセスが少なければ運動は起こらない。

「二〇〇八年に天然ガスを採掘する際に発生する環境問題を調査報道によって暴露しウェブで公開しました。それまで誰も知らない問題でした。その後、継続的にウェブでリポートすることで非常に大きな環境問題の社会運動が起き、今では著名人やさまざまな市民団体が参加しています。さらに天然ガスの採掘方法を管理する法律を議会で通過させようという運動にまで発展しています」

調査報道が社会に大きなインパクトを与えた事例の一つだ。「プロパブリカ」は、オンライン紙と既存メディアを結びつけ、両者のメリットをフルに活用しながら「社会変革」をめざして日々進化し続けている。

第3章　アメリカン大学の調査報道ワークショップ

1　米国調査報道のゴッドファーザー

米国には調査報道NPOの「ゴッドファーザー」がいる。「ゴッドファーザー」といっても懐に銃を忍ばせるマフィアのボスではない。ワシントンD・Cにあるアメリカン大学コミュニケーション学部のチャールズ・ルイス教授のことだ。二〇〇八年春、大学をベースにした「調査報道ワークショップ（IRW）」を開設した。

ワシントン郊外にあるアメリカン大学でお会いしたルイスさんは、終始にこやかな表情で手際よくIRWについて説明してくれた。

ルイスさんは元々、米国調査報道NPOの草分け的存在である「センター・フォー・パブリック・インテグリティー（CPI）」をワシントンで設立した人物だ。一五年間、CPIで調査報道セクションの先頭に立ち、調査報道に携わるジャーナリストの国際的なネットワークをつくった。

若手ジャーナリストや調査報道の研修にやってくる学生たちへの指導にも定評があった。

「私がCPIにいた間に二五〇人の学生を研修生として迎えました。CPIでは実務的なレベルで調査報道を教えました。現在、たくさんの学生がジャーナリストとして一線で活躍しています。このようなジャーナリスト教育の部分を拡大進化させたのがアメリカン大学のワークショップです。こちらでは大学を媒体にして組織的師弟関係を大切にしています」

ルイスさんはCPIにいたころから、プリンストン大学やハーバード大学などとともに、アメリカン大学でもゲスト講師として教壇に立っている。「アメリカン大学とは長い時間をかけて友好的な関係を築いてきました。それなりに力を尽くし、著名なジャーナリストとしての称号をいただきました。米国の中ではワシントンが特に好きです。そのワシントンの大学ではもちろんアメリカン大学が一番好きです」。

二〇〇八年にIRWを開設した際、コミュニケーション学部長と相談して、いまだかつてない新しいことを始めることにした。「従来通りのことをやればCPIと対立することになります。CPIにいる間に財団からの助成金を約三〇〇〇万ドル取りました。CPIと同じことをやったら助成金はこちらにきてしまう。それではCPIに申し訳ない。そこで外見も目的も方法も違う組織をつくることにしました」。

もちろん調査報道を愛するルイスさんは、アメリカン大学でも調査報道をベースにしたジャーナリズム活動を考えていた。それが「調査報道ワークショップ（IRW）」だった。二〇一〇年の年間予算は約一八〇万ドル。九〜一〇人のスタッフと、七〜八人のパートタイムを雇い、数人の外部ジャーナリストと契約を結んでいる。

スタッフは編集者や記者が中心だが、CAR（コンピューター・アシスティド・リポーティング）の専門家のジャーナリズムの教授もいる。アメリカン大学に限らず、CARは調査報道にとってなくてはならない存在だ。

IRWでは、学生や教師、ジャーナリストが協働してさまざまな調査報道プロジェクトを行っている。権力を監視し巨悪を暴くジャーナリズムという点ではCPIと同じだ。だが、方法論として三つの違いがあるという。

一つ目は、本の出版。ルイスさんはCPIにいる間に一四冊本を出し、毎年のように賞を取り、一冊はベストセラーになったこともあるが、現在、CPIは本を出版していない。

二つ目は、映像。IRWでは調査報道のドキュメンタリーを制作し、公共放送システムのチャンネルなどにコンテンツを提供している。そのためアメリカン大学の協力で一五万ドルかけて映像用機材やスタジオ、ソフトウエアを揃えた。CPIでは映像のコンテンツを制作したことがない。

三つ目は、組織的師弟関係だ。IRWのジャーナリストは大学で調査報道ドキュメンタリーやCARなどの講義を受け持っている。ルイスさん自身も国際調査報道などの講義を担当している。

大学の中で最も有名な映画学部では学生に調査報道プロジェクトを実践させている。学生が制作した映像コンテンツは米国だけでなくドイツなどで使われたことがある。また卒業生の多くがＩＲＷで働いているほか、優秀な成績で卒業した学生をフェローシップとして一年間雇うシステムもある。

「ほかにも三、四人の大学院生を一週間に一〇時間までという条件で補助教員として雇っています。私自身、本を書くお手伝いをしてもらっています」

2　学生による調査報道プロジェクト

ルイスさんが担当する国際調査報道の講義では、最初の一～二週間は米国ジャーナリズムの歴史を教える。

「経済格差や国防、生活世界の問題でジャーナリズムがなければ明らかにできなかったものを学生に知ってほしい。米国の調査報道には一八九〇年代から第一次大戦までと、六〇年代から七〇年代にかけての二回黄金期がありました。七〇年代のウォーターゲート事件は最も重要な調査報道の一つです」

ジャーナリズムの歴史に続いて調査報道の具体的な方法論に入る。「よくタマネギの皮をむくようにと学生に話します。外側から外堀を埋めていくようなやり方のことです。まず二次的な資料から入り、その後で一次資料に当たる。それから核心となるインタビューをするための情報を慎重に集める。最初の一〜二カ月は決め手となるインタビュー相手には電話もメールもするなと言っておきます」。

学生にはそれぞれの調査報道プロジェクトを義務付けている。

特に調査報道のプロセスを重視しているので、途中経過のリポートを学生に出させる。最終的にはニューヨーク・タイムズ紙に掲載するつもりで一五〇〇字〜二〇〇〇字程度の記事にまとめさせている。

「ある女子学生は自分が甲状腺ガンを乗り越えた経験から、全米で甲状腺ガンが急激に増えている実態を調査しました。また、オバマ政権の景気活性化対策で風力発電に投資された資金の八割が海外の企業に流れていたことを暴露した男子学生もいます。彼はニューヨーク・タイムズ紙やＡＢＣニュースのインタビューを受け、一躍、時の人になりました」

他にも米国の大手石油会社の問題を追いかけた学生もいる。この会社は環境に悪影響を与えているだけでなく、夜間、インディアン居留地から石油を盗んでいた。さらには政治家への献金によって政治を操っており、その実態に迫る調査報道だった。

「企業相手のこの種の調査報道は法律問題になりかねません。取材者側が戦略的に自己防衛する必要があるので、どのように準備を進め、いつどのタイミングでどの媒体に掲載するかを考える必要があります」

３「アメリカンドリームの裏切り」

ルイスさんのいう組織的師弟関係に基づく学生のプロジェクトは以上のようなものだが、アメリカン大学「調査報道ワークショップ（ＩＲＷ）」として独自に取り組んでいるプロジェクトには骨太のものが多い。

予算規模の大きさや調査期間の長さはもちろん、ルイスさんのジャーナリストとしての視点と力量が際立っているからだ。ルイスさんは「ジャーナリズムは特定の政権や勢力の利益に対してではなく、市民のために尽くすべきものである」という信念を抱いている。そのためには独立した情報こそが真実への鍵だと語る。

その信念に基づき、現在、ＩＲＷでは「何が間違ったのか？　アメリカンドリームの裏切り」というテーマのマルチメディア型調査報道を進めている。「米国の中流サラリーマンに何が起きているのか」を、政府の資料、ウォール街の金融関連情報に関係者多数のインタビューを組み合わせて分析・検証する内容だ。

実は、一九九一年にフィラデルフィア・インクワイアラー紙が同じテーマで特集記事を組んだことがある。同紙の二五ページにわたる記事は全米で大反響を呼んだ。この記事を元に出版された本は六〜七〇万部売れ、ドキュメンタリー番組も作られた。

同紙で記事を担当したドン・バートレットさんとジェイムズ・スティールさんという二人のジャーナリストが「この記事を元に新しい企画ができないか」とルイスさんに相談した。この企画に興味を抱いたルイスさんは二〜三年かけて論点整理したうえ、テーマを拡大進化させてきた。こうして「アメリカンドリームの裏切り」という副題をつけた新企画が誕生した。テーマを歴史的に立証するため、ルイスさんは一九七〇年から二〇一〇年までの米国政府の政策や経済関係のデータに当たり分析を進めてきた。

企画は既にスタートし、ウェブサイトなどで複数のストーリーをアップしており、引き続き、フィラデルフィア・インクワイアラー紙、USAトゥディ紙、ナショナル・パブリック・ラジオなどでも掲載・放送されている。

「非常に深い内容の調査報道ですから、インターネット、新聞、テレビ、ラジオだけでなく、映像やドキュメンタリー映画も作る予定です。また他の非営利メディアなどともパートナーシップを組み、社会により多くのインパクトを与える企画にするつもりです」

この企画は二〇一二年いっぱい続けるが、総予算八〇〜一〇〇万ドルに上り、過去最大規模の調査報道になるという。

ほかにもIRWは大きなプロジェクトをいくつか実行してきた。一つはバングラデシュ、ベトナム、タイ、インドなどアジアの食糧問題の調査報道で、五〇以上の新聞で連載されることが決まっている。もう一つは、ニューズウィーク誌とのコラボレーションで、米軍の無人攻撃機の問題にも取り組んでいる。

無人攻撃機は衛星監視システムと連動して操縦され、現地に部隊を送らずに目標を攻撃できる新型兵器だ。操縦士は米軍基地内にいて、コントローラーを操り、まるでゲーム感覚で無人機を操縦し目標を攻撃する。アルカイダのオサマ・ビン・ラーディンの追跡などで威力を発揮したとされるが、誤爆によって多くの一般市民が巻き添えになっており、パキスタンなどで問題視されている。

二〇〇九年には「バンクトラッカー」というプロジェクトを世に出した。全米の銀行八〇〇〇行のデータを政府から入手し、その銀行についていつでも誰でもがデータ検索できるシステムを作った。

このシステムを使えば、銀行がどれだけの資金を保有し、どれだけの負債を抱えているのかを一目瞭然に知ることができる。

「皆が知りたい情報を入手することは市民の権利です。それに応えるのがこのプロジェクトの狙いでした」。

銀行情報はネット検索システムだけでなく、本として出版した。現在、このプロジェクトは銀行だけでなく、八〇〇〇の信用組合にも拡大した。今では一般市民に最も人気のあるネット上のコンテンツのひとつだ。二〇一一年までにウェブサイトには四〇〇〇万を越すアクセスがあった。

4　原子力産業の調査報道

ルイスさんは二〇一一年三月に発生した東京電力福島第一原発事故にも関心を寄せている。「フクシマの問題に関連してちょうどタイミングの良い事例があります。実は、私はカーター大統領以来の歴代大統領による原子力政策を調べてみたのです。権力の座に就いた人物が『核パワー』をどう扱ってきたのかに興味があったからです。その結果、オバマ大統領は歴代大統領の中でも特に原子力産業にとても協力的であることがわかりました」

これは民主党の大統領としてはとても珍しいことだという。共和党のチェイニー副大統領やブッシュ大統領は核開発に対して積極的だったが、歴史的に民主党はそうではなかった。

ところがオバマ大統領は民主党の大統領でありながら核開発を積極的に支持しているという。この流れに追い打ちをかけるように、オバマ支持の環境アクティヴィストたちまでが「化石燃料を使わない原子力はクリーンエネルギーだ」と主張しはじめ、原子力発電所建設再開へと世論を誘導している事実も判明した。

「元ロサンゼルス・タイムズ紙の女性ジャーナリストを雇い入れ、学生と一緒に一年間かけて原子力発電所について調査しました。原子力産業はロビー活動やキャンペーン、原発ツアーを通して政府や世論を誘導してきました。共和党、民主党を問わず多額の金も使っています。

このプロジェクトは、どうやって原子力産業が原発建設に向けた言論を作り出し、政策に反映してきたかを明らかにしました」

記事は、イリノイ州に一七基の原発を設けた米原子力企業、エクセロンが、オバマ政権の大口スポンサーであり、政権内部に六人の職員を送り込んでいることも暴露した。

こうした事実を、二〇一〇年にウェブサイトで掲載したが、何の反響もなかった。ところが福島第一原発事故が起きると、急に世界中のメディアや市民団体からアクセスが殺到した。

「このプロジェクトが反響を呼んだのは、米国で原子力産業の持つ力がいかに政府に大きな影響を与えているのかという実態を暴露したからです。同時に政府のやり方とは別に、われわれ市民が原子力にいかに対応するのかという問題提起にもなりました」

5　NPOメディアの可能性

米国の商業メディアは、ヒトとカネのかかる調査報道から撤退しつつある。ブロードバンドの進展で新聞テレビの広告費の多くはインターネットに流れた。そのうえ、リーマンショックの波風をもろに受け、ここ数年、マスコミ業界はどこも大幅な人員リストラと編集部門の経費削減を余儀なくされている。地方紙や地域紙は次々と姿を消し、新聞が発行されていない地域も増えている。こうしたメディア状況下で商業新聞が調査報道に取り組む可能性はほとんどゼロになっている。調査報道へのモチベーションが低下すれば、当局情報や商業主義に基づいた手軽な取材に走る傾向が強まり、権力批判や権力監視のジャーナリズムは衰退するしかない。

非営利メディアの可能性は、商業メディアが経営の危機を迎えていることと無関係ではない。ルイスさんによれば、米国ジャーナリズム全体の中で調査報道が占める割合は一九八〇年代に比べて二〇～三〇パーセントは減少しているという。

「米国ではニューヨーク・タイムズ紙やワシントン・ポスト紙のようなメジャーな新聞以外に調査報道セクションを置けなくなっています。プロパブリカが二年連続でピュリツァー賞を取ったことでもう既に明らかですが、調査報道はＮＰＯが担う時代に変わりました」

非営利メディアで働く記者の中には、商業メディアから移籍したものも少なくない。商業メディアが編集記者のリストラを進めたこともあるが、調査報道がやりたくて自らＮＰＯメディアへの転職を志願するジャーナリストも増えているという。

ルイスさんによると、ここ数年で商業メディアから二万人の編集者と記者が去ったという。商業メディアの崩壊が原因だが、その一方で、非営利メディアは六〇団体以上に増え、八〇〇～一〇〇〇人のジャーナリストを雇い入れている。

「プロパブリカにはニューヨーク・タイムズ紙やワシントン・ポスト紙の優秀な記者が次々と移籍しています。好きな調査報道ができるうえ、給料が増えた記者も多いそうです。時間と金のかかる調査報道は、財団の支援を受けたＮＰＯメディアでしかできなくなっており、ますますその比重は増える一方です」

非営利メディアに資金提供している財団は、現在の米国のメディア状況を憂い、「情報のないところにコミュニティは存在しない」と考えはじめている。メディアの衰退とそれがもたらす民主主義の将来にも危機感を抱いているのは間違いない。

ルイさんはいう。「ジャーナリズムが崩壊すると、言論の自由はないがしろにされる危険性があります。民主主義を守ろうとNPOメディアへの期待が高まっているのです」。

非営利組織は米国の歴史の中でも古い伝統がある。ただ非営利メディアの今後については未知数の部分も多い。ルイスさん自身、「非営利メディアというあり方がベストかどうかは分からない」と指摘する。「非営利メディアへの期待感も捨てていない。「非営利メディアはあくまで一つのあり方にすぎません。商業メディアにもまだまだやれることはたくさんあるはずです。ジャーナリズムの担い手としてもう一度、自分たちの足で立ち上がってほしいものです」。

商業メディアであるか、非営利メディアであるかは別として、ジャーナリズムのビジネスモデルを今後どうやって作りだすのかを考える必要があるということだ。「営利・非営利にかかわらず、若い世代に訴えられるようなモデルが求められています。現在のジャーナリズムのモデルは一九〇〇年代初頭に作られたものをそのまま引きずってきました。米国の新聞の読者は一九五〇年代を頂点に、その後ずっと下降線をたどっています。確かにNPOメディアは新しいモデルのように見えますが、ジャーナリズムのモデルが一九〇〇年代から変わっていない以上、新しいものとはいえません」

米国の新聞は、五〇年代を頂点としてそれ以降、新聞を読む時間と興味は徐々に失われてきたというのがルイスさんの考えだ。

「読者数の減少と若い世代の新聞離れの問題はここ数年、急浮上したように見えますが、実際には六〇年代から始まっていたことです。それにもかかわらずメディア産業は旧態依然としたスタイルを踏襲してきた。現在、インターネットが普及し生活の必需品となりましたが、情報をどのような手段で受け手に届けるのか、公共の利益に応える情報をいかにして受け手がアクセスしやすい方法で提供するのかが問われています」

例えばオンライン紙だと短いヘッドラインと一緒にリンクが張れるので、読者は興味のある記事をさらに深く読むことができる。こうしたニューメディアの特性をうまく活用することが若者をメディアに呼び戻す手段になる。「非営利であるか営利であるか、紙の媒体であるかないかは別の次元の問題です。重要なのはインターネットなど新たなツールをいかに活用してジャーナリズムを追求するかということだけです」（ルイスさん）。

6　「日光は最大の消毒薬である」

現在、米国ジャーナリズムは大きな転換点にさしかかっている。米国メディアは新たなビジネスモデルとして生まれ変わる時期に来ているようだ。

ルイスさんによると、米国の新聞テレビには「マックニュース」というゴシップ記事の割合が増えているという。内容が薄くて消費しやすいことからお手軽なハンバーガーの名が付いたというが、Ｂ級グルメものやトリビア的な消費記事にお笑い番組が増えている日本のマスコミ状況も米国同様、「マック型」といえるのではないか。

「調査報道は経済的には魅力のないビジネスモデルです。ですから商業メディアは撤退せざるをえない。将来、非営利型の調査報道ジャーナリズムの時代がやって来ますが、当分は営利と非営利がＷＩＮ－ＷＩＮな関係を維持していくことでしょう」

「プロパブリカ」もそうだが、非営利メディアは調査報道を商業メディアにアウトソーシングしはじめている。商業メディアができなくなったセクションを調査報道ＮＰＯに肩代わりしてもらっているといっていい。米国では、日本と違って紙面上に別のメディアの記事がクレジット付きで堂々と掲載されていることも珍しくない。

「これからはソーシャルメディアも巻き込んでもっともっと変わっていくことでしょう。調査報道を手掛けるメディアのホームページも、素早くキーワード検索できるシステムに再編成しなければなりません。調査報道も玉石混交の時代ですから、良質な情報をダイレクトに受け手に伝える努力が必要なのです」

取材の最後に、調査報道の意義についてルイスさんに改めて尋ねてみた。

ルイスさんは、ニクソン大統領を辞任に追い込んだ「ウォーターゲート事件」を米国調査報道の教科書として示したうえでこう語った。「ジャーナリストが報道しない限り明らかにならない事実がある。そうした事実を明らかにすることこそが調査報道の真骨頂です」。

例えば、アフリカ系米国人が長年受けていた差別や虐待の事実をジャーナリストが書かなければ六〇～七〇年代の公民権運動はなかった。そこにジャーナリズム、特に真実を暴くという点で調査報道の大きな役割があったとルイスさんはいう。

「一九四七年の時点でニューヨーク・タイムズ紙は南部に支局を持っていませんでした。当時既に東京にはあったのですが。南部は米国の一部とは思われていなかった。五〇、六〇年代になってやっとアフリカ系米国人に対する差別や暴力の問題をジャーナリストが取り上げるようになりました」。ルイスさんが取材したことのあるジョン・ルイスという公民権運動のリーダーは「ジャーナリズムがなければ、公民権運動もその後の法律改正も存在しなかったでしょう」と語ったそうだ。

「かつてルイス・ブランダイスという著名な最高裁判事がいました。彼には『日光は最高の消毒薬である』という有名な言葉があります。事実をすべて明るみに出すこと、そしてその問題について広く討議することによって問題解決の糸口が見えてくる。ジャーナリストの使命は権力の座にある者を監視し、事実を明るみに出すことです。どういう問題が隠されているのかを顕在化すること、それが判事の言う消毒です」

第4章　調査報道の老舗「ＣＰＩ」

1　非営利モデルの調査報道

米国調査報道ＮＰＯの草分け的存在である「センター・フォー・パブリック・インテグリティ（ＣＰＩ＝Center for Public Integrity）」は、首都ワシントンの中心街のビルにオフィスを構えている。一九八九年三月、ＣＢＳテレビでニュース番組を担当していたプロデューサーのチャールズ・ルイスさんが知人のジャーナリストと一緒に開設した非営利メディアだ。

前章で述べたように、ルイスさんは二〇〇七年まで編集長を務めた後、アメリカン大学に移り、現在は「調査報道ワークショップ（ＩＲＷ）」の編集長を務めている。創設当初の年間予算は約二〇万ドルだったが、二〇一〇年の年間予算は八〇〇万ドルに上っている。ルイスさんの在籍中だけで約三〇〇〇万ドルを資金調達したというが、そのほとんどは財団からの寄付だった。米国の多くの財団が非政府独立系メディアにいかに期待しているのかがよく分かる。

ワシントン郊外にあるアメリカン大学でルイスさんに会ったとき、「私は米国調査報道のゴッドファーザーです。人は殺しませんが」と、愛嬌のある笑顔を見せた。ＩＲＷが使っているオフィスの壁には、ワシントン・ポスト紙のボブ・ウッドワードの写真が飾ってあった。ホワイトハウスの疑惑を暴き、ニクソン大統領を辞任に追い込んだ「ウォーターゲート事件」報道の立役者だ。米国ジャーナリズムの歴史の中で、「ウォーターゲート事件」報道はいまだに燦然と輝く金字塔のままだ。

ＣＢＳテレビのニュース番組「六〇ミニッツ」のプロデューサーを努めていたルイスさんが調査報道ＮＰＯを創設したのは、深く掘り下げて取材する調査報道がテレビ局では許されなかったからだ。

「六〇ミニッツ」では年に一一〇本ほどニュース番組を放送したが、そのうち調査報道ものは数えるほどしかなかった。独立後、ルイスさんは米国政府のデータを分析し記事を書くタイプの調査報道を進め、取材結果に自らの意見を盛り込もうと思った。だがワシントンには既に政府系のデータを分析する営利組織があった。その組織とは違う方法でデータ分析し、記事を書くとなると、政府と対立関係を生み出す可能性があり、営利組織ではなかなかやりにくいことに気がついた。

ＣＢＳをやめるころに、ＣＮＮなど数々のテレビ局やハリウッドの映画関係からのオファーがあったが、どれも調査報道が目的ではなかった。調査報道は営利モデルでは難しいと判断したルイスさんは、自宅からニューズレターを発行しようとも思ったという。ベトナム戦争報道で有名なあるジャーナリストが購読料五ドルでニューズレターを発行し、七万人の読者を集めている例があったからだ。だが購読者をたくさん集められる保証はないので、このモデルも調査報道にふさわしくないとあきらめた。

また、米国には市民主導の社会をつくるため、消費者・環境問題の運動かであるラルフ・ネーダー氏の団体や「パブリック・シティズン」、「コモン・コールズ」などアクティヴィストの非営利団体がある。活動自体に大きな意義があるのだが、そのほとんどが弁護士によって運営されており、最終的に法制度の改正や新設が目的だった。そこでルイスさんは調査報道に専念する非営利組織をつくり、事実を報道することによって全米記者クラブなどを通じてニュースを提供しようと考えた。「報道」に力点を置き、アクティビストたちの非営利団体との違いを打ち出そうというのだ。

当時、既にカリフォルニアには「センター・フォー・インベスティゲイティブ・リポーティング（CIR）」という調査報道のNPOがあったが、そこはフリーランスのジャーナリストを集めただけの親睦団体だった。

「ネーダー氏らのアクティヴィスト団体とも、ジャーナリストの寄せ集め団体とも違うモデルをつくろう。ワシントンから国際的に情報を発信し、自分の言いたいことを言い、しかもお金の心配をしなくても良い団体をつくろう」。最終的にルイスさんのコンセプトはCPIという調査報道NPOとなって実を結んだ。

2　世界最大の調査報道

とはいっても当初の自己資金はゼロだった。資金調達や経営にもまったく経験がなかった。資金調達のため、財団のほか、労働組合、企業、テレビネットワークのコンサル契約などを取るところからスタートした。こうして一九八九年に二〇万ドルの年間予算でＣＰＩを立ち上げた。ルイスさんは、それから一五年間で約三〇〇〇万ドルの資金を集めたという。そのうちの九〇パーセントは財団からの寄付金だった。

ルイスさんがＣＰＩを去った二〇〇四年には常勤スタッフが四〇人以上、パートタイムの調査担当研修生が二〇人以上おり、年間予算は四六〇万ドルに上っている。「二〇〇八年にプロパブリカが設立されるまで、ＣＰＩは非営利で調査報道を行う世界最大の組織でした。ＣＰＩでは四〇〇本以上の調査報道をオンラインや印刷媒体、ニューズレターなどで発表しています。本も一七冊出しており、全米でベストセラーになった『二〇〇四年、大統領を買う（*The Buying of the President 2004*）』もその一冊です」

もちろん、調査報道の中には数々のスクープが含まれている。九六年には、ホワイトハウスのリンカーン・ベッドルームを使った資金調達の話を「ファット・キャット・ホテル」と題して報道した。クリントン大統領の時代、民主党に多額の寄付金を出している支持者はホワイトハウスの一室に宿泊できるという特権的なプログラムがあった。ＣＰＩが暴いた記事は全国的な賞を受賞した。

二〇〇〇年には、米国テキサス州ヒューストンに本拠地のある総合エネルギー企業「エンロン」のＣＥＯが当時のジョージ・Ｗ・ブッシュ大統領の支持者で、ブッシュの選挙キャンペーンのために六〇万ドル以上を出していたとする疑惑を暴露している。エンロンはブッシュやその父親、テキサス州の政治家らに多額の献金を行っていた上、共和党を中心に米上院議員の七割に献金していたという。その後、巨額の不正経理・不正取引による粉飾決算が発覚し、二〇〇一年に破綻に追い込まれている。

さらに二〇〇三年二月にはブッシュ政権が内密に進めていた愛国者法を入手・暴露し、ブッシュの虚言を明らかにした。

オンラインで流した記事は世界中で反響があり、記事掲載後の五日間で一五〇〇万ヒットを記録した。二〇〇三年一〇月には「戦争の棚ぼた――イラクとアフガニスタンにおける米国の請負業者たち」と題し、戦争関連の政府調達が民間業者にアウトソーシングされている実態を報道した。アフガニスタン、イラク戦争を通して最も多くの政府調達を請け負った業者はテキサス州ヒューストンにある多国籍企業、ハリバートン社だった。

ブッシュ政権の副大統領だったディック・チェイニーは一九九五年から二〇〇〇年まで同社ＣＥＯを務めた。ブッシュに副大統領候補に指名されＣＥＯを辞職したが、カナダのジャーナリスト、ナオミ・クラインの『ショック・ドクトリン』（岩波書店）によれば、持ち株の一部を売却し一八五〇万ドルの売却益を手にしたという。

さらに副大統領就任後の四年間、チェイニーは同社から繰延収益として毎年二一万ドル以上の支払いを受けていた。チェイニーが米国の国益のためと開始したイラク戦争によってフセイン政権は崩壊したが、この結果、英米の石油メジャーに新たな可能性を開き、ハリバートン社に史上最高の収益をもたらした。

同社はイラク関係だけで三六億ドルという巨額の売り上げを計上している。同社の子会社ブラウン・アンド・ルート社は基地の設営や燃料の提供業務を行い、世界一〇〇カ国以上で業務を展開しているといわれる。国防総省と同社との密接な関係は、チェイニーを媒介とした「縁故資本主義」の典型で、戦争によって結びつきを強める「軍産複合体」の在り方を端的に示している。

この調査報道プロジェクトには記者、編集者、調査担当者ら二〇人以上が関わり、六カ月以上かけて取材や情報収集に当たった。情報自由化法に基づいて七三件の情報開示を要請したほか、陸軍や国務省を相手取って裁判所に情報開示の裁判を起こした。こうして主要な随意契約に関する資料を入手し、政府による恣意的なアウトソーシングのやり方を暴露した。この報道でＣＰＩはロングアイランド大学が毎年優れた報道活動に授与する「ジョージ・ポーク調査報道オンライン賞」を受賞している。

3 「iWatch News（アイウォッチ・ニュース）」

二〇一一年八月二五日、ワシントンのノースウェスト街のオフィスビル七階にあるCPIのニュースルームで取材に応じてくれたのは、二〇〇七年から編集長を務めるウイリアム・ビューセンバーグさんだ。長身で終始にこやかなビューセンバーグさんはまず、二〇一一年四月に開始した調査報道プロジェクトについて説明してくれた。それは「アイウォッチ・ニュース（iwatch News)」というオンライン版のニュースサイトだ。

「アイウォッチ」はパソコン、タブレット、スマートフォンに対応している。「ペーパーレス」をキャッチフレーズに、ニュースを提供するエレクトロニックモデルだ。取り扱うニュースは、政治と金、政府の浪費、欺瞞、権力の濫用、環境問題、財政改革、保険医療、国防、連邦政府の説明責任、国際的な調査など多岐にわたっている。

サブプライムローンに端を発し、不動産ローンのデータを収集して悪質な二五の貸し付け先を特定し悪行の数々を暴いたほか、大学キャンパスで多発している性的暴行事件を全米一六〇大学で調査しシリーズで記事を掲載した。この報道はテキサス、ボストン、ウィスコンシン、シアトル、カリフォルニアなど地域の調査報道センターや大学のカレッジ・ペーパーが取り上げた。

CPIは国際的な調査報道にも力を入れている。CPIのプロジェクトとして一九九七年にスタートした「国際調査報道コンソーシアム（ＩＣＩＪ）」は、世界五〇カ国以上の一〇〇人を超すジャーナリストをネットワークしている。「一つの調査報道プロジェクトに半年から九カ月、場合によっては二〜三年かけることもあります。例えばダニエル・パールさんの事件では三年がかりで詳しく調査しました。こうした長い時間を使った綿密な調査によって国際レベルでも高い評価を受けています」（ビューセンバーグさん）。

ダニエル・パール事件とは、二〇〇二年、米紙ウォールストリート・ジャーナル紙の南アジア支局長だったダニエル・パール記者がパキスタンで取材中に誘拐され殺害された事件のことだ。パールさんは首を切断されて殺されたが、殺害直前の姿と殺害の模様を撮影したビデオがインターネットで流された。その後、グアンタナモ湾の米海軍基地に拘束されていたイスラム過激派幹部が、非公開審議でパールさん殺害を自供したとされる。

この事件をめぐっては、フランスの哲学者、ベルナール＝アンリ・レヴィが『誰がダニエル・パールを殺したか？』（ＮＨＫ出版から邦訳）という「調査報道小説」で事件の背後に国家的陰謀があったと指摘し物議を醸した。また毎日新聞はパール殺害事件にパキスタン軍統合情報局（ＩＳＩ）が関与していた可能性があると書いた。「対テロ戦争」を続ける米国はパキスタン国内のイスラム武装組織の徹底弾圧をパキスタン政府に要求したが、これによってカシミールでの「手足」を失うことを恐れたＩＳＩが米国への警告を込めて事件を裏側から指揮したという筋書きだ。

パール殺害事件では、国際テロリスト・アルカイダと関連があるとされるイスラム過激派メンバー四人が逮捕され、パールさん殺害を自供した。しかしＩＣＩＪは三年がかりで詳しく事件を調べ直し、この四人を含む二七人の容疑者を割り出した。「なぜ四人しか刑務所に行かなかったのか？　一体何が起きたのかを徹底的に調べました」（ビューセンバーグさん）。

カシミール問題をめぐって暗躍するイスラム武装勢力、核開発に絡む北朝鮮関係者、パキスタン軍情報機関、アルカイダ支援グループ――、世界の紛争地帯を歩いてきたベルナール＝アンリ・レヴィが書いているように、イスラマバードとカラチの間には、「世界平和への脅威が失われていない、真のブラックホール」、すぐには晴らすことのできない深い闇が存在していた。

4　クロマグロの乱獲問題

欧米で大きな成果を挙げたのは、クロマグロの乱獲問題のプロジェクトだ。七カ月に及ぶ調査報道でＩＣＩＪは、大西洋や地中海で組織的な過剰漁獲や漁獲量の虚偽報告、違法販売などの実態を暴いた。一九九八年から二〇〇七年の間に漁獲されたクロマグロの三分の一が違法に漁獲されたものだった。取引総額は四〇億ドルに上る。フランス、スペイン、イタリア、日本などが関わる漁船団や関係官庁、流通業者など複雑なネットワークが絡み、巨大なブラックマーケットを形成していた。

この調査報道は国際的に注目を集め世界中の四六二のメディアで掲載された。二〇一〇年にパリで開かれた「大西洋マグロ類保存国際委員会（ICCAT）」の年次総会でクロマグロの捕獲量の国別割当が見直された。「それまでのクロマグロの捕獲量の数え方が間違っていたことを明らかにしたのです。ICCATの年次総会では捕獲高を引き下げることになりました。大きな社会的インパクトを与えられたことが、この調査報道の最大の成果です」（ビューセンバーグさん）。

米国や日本では既に使われなくなったアスベストが、ブラジルや中国、インドではいまだに使われ健康被害まで出ている事実に迫った調査報道は、英国BBCがCPIのパートナー団体として放送し、世界三三一のメディアが取り上げた。このほか地球温暖化に反対するロビー活動、全米各州政府の腐敗度の比較調査、経済格差の問題、政治とカネの問題なども調査報道として取り上げている。

5　財団からの資金提供とファイアウォール

こうした輝かしいCPIの実績の説明に続き、ビューセンバーグさんは組織の概要について話してくれた。

CPIは編集スタッフ五〇人中、四〇人が調査報道に従事するジャーナリストだ。ほかにデイーリーニュースを追うスタッフやウェブ関係、事務系、コミュニケーション、経営関係のスタッフがいる。調査報道班は六つあり、国際問題、環境問題、政治とカネの問題、財政、保健医療、国防に分かれ、編集者とリポーターがチームを組んでいる。また全米で五〇人のフリーランスのジャーナリストと雇用関係を結んでおり、ＩＣＩＪ関係では世界中に一一五人のジャーナリストをネットワークしている。

ＣＰＩの年間収入は二〇〇九年度・五五〇万ドル、二〇一〇年度・六五〇万ドル、二〇一一年度八〇〇万ドルと年々増えている。広告収入や電子書籍の収入、雑誌への記事販売など独自の収入源もあるが、運営費の大半は財団からの助成金に頼っている。フォード、マッカーシー、カーネギー、ナイトなど米国の財団のほか、欧州の財団からの資金提供も受けている。

米国では調査報道ＮＰＯに財団の資金の多くが流れ込んでいる。ビューセンバーグさんはその理由についてこう語る。「米国では新聞、テレビを含めてメディアが下降線をたどっている。どんどんリポーターは減っている。そうした中で、ウォッチドッグ（権力監視）型のジャーナリズムの将来を危惧する財団が増えている。ジャーナリズムの危機は民主主義、市民の危機ですから。それでわれわれのような調査報道ＮＰＯをサポートしようという財団が増えているのです。その結果、米国では調査報道ＮＰＯが大きくなっているのです」。

ＣＰＩなど調査報道ＮＰＯは、財団からの資金提供や広告収入によって運営されているところが多い。権力犯罪や構造的な腐敗などさまざまな不正を暴くという調査報道の任務を全うするＮＰＯメディアにとって、財団との関係はどうなっているのだろうか。つまり財団やスポンサー側に不正があった場合、それについて追及することができるのだろうかという疑問だ。この疑問にビューセンバーグさんは次のように答えてくれた。

「編集サイドと財団や広告主との間には非常に明確なファイアウォール（防火壁）を設けています。編集サイドの決定はまったく外からの影響は受けません。財団やスポンサーは私たちの記事が嫌いかもしれません。でもそんなことは問題ではありません。編集は完全に独立を保っているからです」

米国の調査報道ＮＰＯの場合、資金提供を受けている財団との関係はどこも同じだという。契約段階で、財団は一切、編集に関与しない、編集の独立を守るという条項を取り交わしているところもある。明確なファイアウォール、これが米国調査報道ＮＰＯの大きな特徴の一つだ。最近、ネット上の一行広告などを収入源とするＮＰＯメディアも増えている。ビューセンバーグさんは「調査報道ＮＰＯでは広告収入の占める割合はまだまだ少数です。広告収入が二〇パーセント以内なら問題はありません。もし二〇パーセントを超えるようでしたら、組織を見直し、営利サイドと非営利サイドを分ける必要があるでしょう」と話す。

6　コンピューター・アシスティッド・リポーティング

最後にビューセンバーグさんに調査報道の中でのＣＰＩの特徴を教えてもらった。一つ目は、事実確認と情報の信頼性に対する姿勢にあるという。「編集サイドで最も重視しているのが事実確認です。ホイッスルブロワー（内部告発者）の情報に基づいてプロジェクトを立てることもありますが、情報の信頼性、ニュースソースの信憑性を繰り返し丁寧に確認します。ハード・ファクトといって、基本的にすべてをドキュメントやデータに基づいて報道するという手法です。一言でいえば相手が嫌がるほど事実を突きつけるやり方ですね」

編集サイドでは、入手した情報に基づき、いくつもの事柄に分けてファイルを作成する。さらに必要な情報を得るため政府などに情報公開を請求する。CPIの二つ目の特徴は、政府に対する情報公開請求をこまめに行い、拒否された場合は、提訴するなどして徹底的に戦う点だ。「CPIでは政府に対して膨大な量の情報公開を請求しています。医療問題のプロジェクトでは、六カ月間かけて政府に情報公開を請求し訴訟に踏み切ってようやく情報公開にこぎ着けました。情報の信頼性、ニュースソースの信憑性を高め正確なドキュメントやデータに基づいた調査報道を実現するには、政府に対する情報公開請求は非常に重要な要素を占めています」

三つ目の特徴は、既に公開されている情報をコンピューターで処理し、そこからファクトを導き出す方法だ。「米国にはCAR（コンピューター・アシスティド・リポーティング）と呼ばれる手法があります。これを利用してたくさんの情報にアクセスし、情報を分析してファクトを練り上げていきます。そのため他のNPOでは考えられないほどの時間と労力を費やしています。これがCPIの強みですね」

ウェブ社会の進展でジャーナリストが情報やデータを収集する方法は大きく変化している。米国ではコンピューターで情報収集するデータドリブン・ジャーナリズムやデータベース・ジャーナリズムという言葉をよく耳にする。ジャーナリストはグーグル・リファインやテーブルソーターなどさまざまなシステムを使って公開されている山のようなデータや記録の中から必要な情報を集める。

コンピューターによって情報化された政治・社会・環境・文化などあらゆるジャンルのデータの中に「宝の山」があるという訳だ。CARこそがウォッチドッグ（権力監視）タイプのジャーナリズムを可能にしてくれる調査報道の武器だと考えられている。CPIは伝統的な調査報道の歴史の上に最新の手法を加味してNPOメディアの未来を切り開いている。

第2部　調査報道を理解する

第1章　調査報道の歴史と存在意義

1　ジャーナリズムの信頼に応えた「官邸の一〇〇時間」

二〇一二年八月、朝日新聞記者の木村英昭氏が『検証　福島原発事故　官邸の一〇〇時間』（岩波書店）を出版した。東京電力福島第一原発事故が発生した二〇一一年三月一一日から一五日までの五日間に内閣総理大臣の執務室、首相官邸で何が起きていたのかを詳細な資料と証言で明らかにした事故調査報告書だ。

同書は、朝日新聞の連載「プロメテウスの罠」の中で掲載した「官邸の5日間」を書き下ろしたものだが、推論や論評を一切捨て去り、ファクト（事実）のみで構築した調査報道の一例といえる。

第1章「3月11日（金）原発異変」によれば、午後三時一四分に菅直人首相を本部長とした緊急災害対策本部が設置され、午後四時三六分には原発事故に対応するため官邸対策室が設置される。

だが、そのころには既に福島第一原発の全交流電源が喪失し、1号機で燃料棒の露出が始まっていた。危機管理監の伊藤哲朗は原子力安全・保安院院長の寺坂信昭に「どうなってるんです？」と尋ねた。寺坂は「分かりません」と答えた。原子炉の状況が把握できなくなっている、この事態に右往左往する政府関係者の姿が克明に記録されている。

官房副長官・福山哲郎のノートには、炉心を冷やせなくなると一〇時間後には炉心溶融（メルトダウン）が始まると「一〇時間後の危機」が明確に記されている。

午後一〇時四四分、菅首相の元に保安院から2号機の予測が届く。「午後一〇時五〇分、炉心露出」、「午後一一時五〇分、燃料被覆管破損」、「午後零時五〇分、燃料溶融」。「一〇時間後の危機」が現実味を帯びてきたが官邸は公表しなかった。菅首相は「不都合なことでも隠さない」と口にしていたが、結局、「不確かなこと」として情報は隠された。

第2章「3月12日（土）原発爆発」では、東電の対応に菅首相が激高する場面が出てくる。自衛隊ヘリで官邸から福島第一原発に到着した首相は、東電副社長の武藤栄、現地対策本部長の池田元久らと大型バスで免震重要棟に向かった。

この時まだ格納容器の圧力を下げるためのベントが行われていなかった。ベントによって高圧の蒸気と放射性物質が放出されるため住民の避難が必要になる。だが、原子炉が爆発するかもしれない。深刻な危機を回避するため官邸は「ベントやむなし」と判断していた。

首相が原発の現場に着いた時点でまだベントは始まっていなかった。大型バスの中で首相は武藤に「何でベントができないんだ！」とただし、「いいから早くやれ！」と大声で詰め寄った。武藤は何かを言ったが、「ごにょごにょ」としか聞こえなかったという。

第４章「３月14日（月）原発溶融」では、東電副社長の藤本孝が計画停電の実施を申し入れに官房長官執務室を訪れた際のやりとりが明らかにされている。

官房長官の枝野幸男と官房副長官の福山が藤本に「金土日で電力需要は落ちているはずだ」「大口の顧客に交渉してください」と迫った。家庭で使う人口呼吸器や酸素濃縮機など在宅医療機器のことも話題に上った。

藤本が「大口はお客さんなんで、そんなお願いができません」「今までの停電で在宅療養の方に何かあったことはありません」と答えると、枝野が「殺人罪で告発するぞ！」と言い放った。「計画停電で死人が出たら、オレが東電を殺人罪で告発する。未必の故意だ」

木村氏は同書を出版した動機を「事故の検証は、政府や国会の事故調に任せるのではなく、ジャーナリズムの責任で検証していいはずだ」と書いている。福島原発事故をめぐり、東電や政府の情報を垂れ流し続けたマスメディア報道は時には「大本営発表だ」などと批判を浴びた。木村氏はそれを踏まえたうえで次のように述べている。

「何か公的なものに寄り掛かって記事の信頼性を担保する手法こそが、〈３・11〉を契機にして読者から投げ掛けられた批判だったはずだ。私たちが直接当事者に当たり、取材した者の責任で、この事故はこうだったという結論を読者に提示すべきで、揺らいだジャーナリズムの信頼感はそこからしか醸成されない」

2　市民参加の調査報道

ジャーナリズムの信頼を取り戻すには、記者が自分の足で取材し、自分の頭で考えて調査分析する調査報道を実践するしかない。元NHK記者で東京都市大学環境情報学部情報メディア学科教授の小俣一平氏も「（調査報道は）ジャーナリズムを、そしてジャーナリストを蘇らせ、活性化させる最後の手段ではないか」（平凡社新書『新聞・テレビは信頼を取り戻せるか』）と指摘している。

「官邸の一〇〇時間」はその一例に過ぎない。ほかにも調査報道の実例は、「田中角栄研究」（文藝春秋）、「薬害エイズ事件」（毎日新聞）、「リクルート疑惑」（朝日新聞）、「商工ローン事件」（東京新聞）、「北海道警裏金疑惑」（北海道新聞）などたくさんある。「3・11」以降、調査報道への再評価と期待が高まっている。

そもそも調査報道（Investigative Reporting、インベスティゲイティブ・リポーティング）とは、記者がある課題やテーマに基づいて長期間にわたって調査し、関係者へのインタビューや資料分析によって真実を明らかにする取材活動のことだ。徹底した「ブツ読み（資料分析）」や資料の持つ意義を説き明かしてくれるキーパーソンの協力が得られるかどうかが取材の成否を分ける。

調査報道では記者が自力でニュースを発掘し真相に迫るのだが、ある意味、これは当たり前のジャーナリズムともいえる。記者クラブで当局の発表情報を聞いて、そのまま記事にしている記者の取材方法とは正反対のものだ。

調査報道は広義には、すでに知れわたっている事実であっても、新しい解釈や文脈のもとで情報を露出することで、読者の理解や認識を変えるタイプの報道も含まれる。また、情報公開されている資料やデータ、インターネットで収集できる情報を基に取材し報道する「データドリブン（情報収集）」型の報道も含まれる。

調査報道には、政治家や官僚、財界の大物をターゲットに権力乱用や腐敗、汚職など様々な権力犯罪を暴く「ウォッチドッグ（権力監視）」型のものがある。それ以外にも地域を足場に住民との対話を通して課題を設定し取材報道するタイプの調査報道もある。

ニューヨーク大学のジェイ・ローゼン教授らが提唱した「パブリック・ジャーナリズム」運動は、市民や住民の視点に立ったジャーナリズムを構想した。記者が住民と長い時間をかけて議論し、その結果をプロの記者が取材報道するという市民参加型の調査報道である。

社会構造に根ざした問題解決や社会的弱者の救済をめざす点で「ウォッチドッグ」型調査報道と目的は同じだが、取材プロセスに市民が参加し、市民と時間をかけて熟議し、市民の意見を取り入れて調査し、問題解決の最善の方法を探るという手法に違いがある。「パブリック・ジャーナリズム」運動については、第２部第４章に譲る。

3　米国で重視される「フリープレスの原則」

主権在民を唱える民主国家において政府の権力は、国民による選挙によって与えられている。与えられるといっても全面的にではなく、「国民主権」に基づき一時的に付託されているにすぎない。

国民の側には、その権力がどのように行使されているのかを「知る権利」がある。当然、政府の側には「知らせる義務」がある。国民の「知る権利」と政府の「知らせる義務」の間を取り持つのがメディア（媒体）の役割だ。

メディアの自由な活動を保障するには、「報道の自由」が全面的に保障されていなければならない。「報道の自由」が保障されなければ、国民の「知る権利」はないがしろにされる。「知る権利」が軽視されれば、「国民主権」すなわち民主国家の基本は否定されることになる。「国民主権」「知る権利」「報道の自由」の三つは民主国家を支える基本といえる。

ところが政府は自らの正当性を担保するため国民に不都合な情報を隠そうとするものだ。ウォッチドッグ型の調査報道が必要なのは、政府や権力、行政が国民の知る権利をないがしろにし、国民に大きな不利益を与えるか可能性が常にあるからだ。米国では一九七一年にニューヨーク・タイムズ紙が国防総省の機密文書「ペンタゴン・ペーパーズ」を掲載し、政府が記事差し止めを求めて提訴した。同紙は徹底抗戦の姿勢を見せ、最終的に法廷で勝訴した。

翌七二年に「ウォーターゲート事件」が発生すると、当時のニクソン政権は、公務員に守秘義務を課す内容の刑法改正案を連邦議会に提出した。法案はニクソン政権の崩壊によって自然消滅したため日の目を見なかったが、ワシントン・ポスト紙の編集主幹ベン・ブラッドリーは「この法律が成立したら報道の自由はないがしろにされただろう」と述べている。

米国では「報道の自由」や国民の「知る権利」をめぐる新聞と政府の争いは、新聞側が全面勝訴した。だが日本ではそうはいかなかった。米国で「ウォーターゲート事件」が起きた七二年に、日本では「外務省機密漏洩事件」が起きている。この事件で毎日新聞の記者と外務省の女性事務官が逮捕された。新聞記者が公務員に情報提供を求める行為に罰則が適用された戦後初のケースだ。

基本的に政府は都合の悪い情報を隠したがるものだ。政府にとって都合の悪い情報を暴露した新聞を、政府はありとあらゆる手段を使って攻撃し、「報道の自由」を抑制しようとする。もし新聞が政府に敗北し、政府の暴走を許してしまえば、国民の「知る権利」や「報道の自由」はないがしろにされ、外側は「民主国家」であっても、中身は「独裁国家」になり果ててしまう。

だから米国で「報道の自由（フリープレスの原則）は、合衆国憲法修正第一条に規定されている。第一条に出てくるのは、民主主義を語る上で「報道の自由」がいかに重要であるかを物語っているからだ。

もちろん日本国憲法でも二一条に「言論、出版その他一切の表現の自由は、これを保障する」という規定がある。言論は「スピーチ」、出版は「プレス」の日本語訳だ。だが「フリーダム・オブ・プレス」は「出版の自由」ではなく、正しくは「報道の自由」と翻訳すべきだった。この憲法二一条の文言の曖昧さが、日本で「報道の自由」や「取材の自由」について語ることの難しさにつながっているのではないか。

日本では「報道の自由」はメディア側が勝ち取ったものではない。太平洋戦争の敗戦によって、戦後、国家から与えられたものだ。戦後二十数年が経過した一九七〇年代初頭、日米両国では「報道の自由」をめぐって政府と新聞が対立する事件が起きている。

米国では新聞が政府の圧力に屈せず、憲法修正第一条の「報道の自由」を掲げて闘い勝利した。同じころ、日本では国家の機密文書を暴いた新聞が政府の圧力の前に全面敗北し、「報道の自由」や「知る権利」の形骸化が進んだ。

4　「ペンタゴン・ペーパーズ」報道

一九七一、七二年、米国ジャーナリズムは国家機密文書や政府による犯罪を暴露する二件の報道で国家と対峙し、激しい攻防の末、「報道の自由」を守り抜いた。

一つはニューヨーク・タイムズ紙による国防総省の最高機密文書「ペンタゴン・ペーパー

ズ」のスクープであり、もう一つはワシントン・ポスト紙がニクソン大統領を辞任に追い込んだ「ウォーターゲート事件」の調査報道である。

ニューヨーク・タイムズ紙が暴いた「ペンタゴン・ペーパーズ」は、正式名称を「ベトナム政策に関する米国の意志決定過程の歴史」という。ルーズベルト大統領時代に始まった米国のインドシナ政策を網羅した極秘報告書で、一九六七年に当時のマクナマラ国防長官が「学者に生の資料を残し、真実を再評価できるように」と、当時のジョンソン大統領に内緒で文書の作成を命じた。歴史的記述三〇〇〇ページと補遺資料四〇〇〇ページからなるこの文書は、歴代の政権が戦争の不拡大を約束しながら、米駆逐艦が北ベトナム軍から魚雷攻撃を受けたとする「トンキン湾事件」をでっち上げて本格的に介入し、北ベトナムだけでなくラオス、カンボジアまで爆撃して意図的に戦線を拡大するなど、国民を騙して泥沼の戦争に踏み込んだ政府の犯罪行為を浮き彫りにしていた。

一九七一年、文書の執筆者の一人、ダニエル・エルズバーグが文書コピーをニューヨーク・タイムズ紙のニール・シーハン記者に手渡し、同紙は六月に連載記事として公表した。これに対し、リチャード・ニクソン大統領は国家機密文書の漏洩に当たり、国家安全保障に脅威を与えるとして連邦地裁に記事差し止めを求めて提訴した。この訴えは一審で却下され控訴審で認められたが、連邦最高裁の上告審では再び却下された。

実はタイムズ紙内部でも文書公表をめぐって激論が交わされたという。「政府の欺瞞行為を防ぐためにも公表すべきだ」とする編集者らの主張に対し、顧問弁護士らは真っ向から反対しこの件から手を引いてしまった。

それでもニューヨーク・タイムズ紙は公表に踏み切り、ワシントン・ポスト紙もタイムズ紙のクレジットを付けて記事を掲載した。この前後にマクナマラ自身も、文書があまりに早く公表されてしまったことは心外だとしながらタイムズ紙の決断を励ましたという。

その後、ポスト紙もエルズバーグから文書を入手し、タイムズ紙が一時差し止め命令に服している間に文書の公表に踏み切った。「報道の自由を主張するための唯一の方法は報道することだ」とする編集スタッフの意見が通った。こうしてタイムズ紙だけでなく、ポスト紙など他紙も続々と文書を公表し、新聞が国家に公然と反抗する事態となった。

この争いは最高裁が記事差し止め請求を却下することで決着を見た。最高裁は「文書公表によって国家の安全が脅かされるとする主張を、政府が実証できなかった」と判断した。これは米国憲法修正第一条の「報道の自由」をめぐる判例として残り、その後の政府活動や取材報道活動に大きな影響を与えることになる。

5　国家最高機密文書を公開した三人の男

「ペンタゴン・ペーパーズ」報道には奇想天外な裏話があった。二〇〇七年、米国の独立系報道番組「デモクラシー・ナウ！」に内部告発者のエルズバーグら三人が出演し、文書の公開に奔走した内幕を暴露した。番組は二〇一二年一月二七日、ニコニコ生放送の「『デモクラシー、ナウ！』ペンタゴン・ペーパーズ 国家最高機密文書を公開した三人の男たち」で放映された。

三人の男とは、エルズバーグのほか、議会で文書を読み上げた反戦派の上院議員、マイク・グラベル、非営利出版社、ビーコン・プレスの元会長、ロバート・ウエストのことである。

エルズバーグは、文書をニューヨーク・タイムズ紙に続き、ワシントン・ポスト紙やボストン・グローブ紙など計一七紙に持ち込んで掲載させたが、次々と出版差し止めになった。彼はＦＢＩの捜査官に追われながら、グラベル議員に接触し、文書を渡した。

ベトナム戦争中にも関わらず徴兵制にたった一人で反対していたグラベルは議会で公表するため、大量の文書を大型のスーツケース二個に詰め込んで議会に乗り込んだ。

米国議会では体力の続く限り何日間でも演説を続け、議事妨害することができる。グラベルは採決まで残る四八時間に迫っていた徴兵制の延長法案に反対し、議事妨害の新記録を作って文書を議会でぶちまけようと排尿バッグを付けて議場に立った。結局、本会議では不調に終わり、上院小委員会で文書を読み上げ、議事録に公式記録として残すことに成功した。

文書を出版したウエストは、大手出版社がどこも政府に配慮して出版を敬遠する中、ニクソン政権の圧力や嫌がらせをはねつけて出版に踏み切った。そのため二年半もの間、経営破綻や刑事訴追の危機に見舞われた。

ウエストの兄はＦＢＩの捜査官だった。仲の良かった兄弟は一時関係を絶ったが、兄の退職後は再び仲の良い兄弟に戻ることができた。兄はその後、リベラル派に転じ反戦活動に身を投じたという。

「デモクラシー・ナウ！」の番組の中でエルズバーグは「文書には、歴代大統領が憲法に背き政権ぐるみで背任行為に走ったことが記録されている。ベトナム戦争という勝ち目のない戦争に国民を引きずり込んだ。今また同じ過ちを繰り返し、イランを攻めようとしている」と語っている。

司会者のエイミー・グッドマンによると、エルズバーグはニクソン大統領のキッシンジャー補佐官から「世界で一番危険な男」と呼ばれたという。その危険な男は現在、「国家権力を監視するジャーナリズム」としてウィキーリークスのアサンジを擁護する一方、ニューヨークで始まった米国の「ウォール街占拠運動」を支持する活動を続けている。

「ペンタゴン・ペーパーズ」報道は、国家機密をめぐるニクソン政権と新聞との前哨戦だった。結果的に最高裁は政府が求めた出版差し止め請求を却下し新聞側が全面勝利した。

ニューヨーク・タイムズ紙に文書を渡したエルズバーグ氏も機密文書の不法所持で逮捕されるが、一九七三年にロサンゼルス連邦地裁は政府の不正行為を理由に公訴棄却を言い渡した。新聞の勝利は憲法修正第一条の「報道の自由」の価値を米国民に再認識させる歴史的な一歩となった。

6　「ウォーターゲート事件」報道

だが国家は国民に知られると不都合な秘密を常に隠し続けるもののようだ。一九七二年六月、ワシントンのウォーターゲートビルに入居する民主党全国委員会本部で不法侵入事件が起きた。この「ウォーターゲート事件」報道（一九七二～一九七四年）では、「ペンタゴン・ペーパーズ」報道で遅れをとったワシントン・ポスト紙が粘り強い調査報道によって米国ジャーナリズムの歴史に大きな足跡を残した。

「ウォーターゲート事件」報道は、海を越えて日本でも大きな反響を呼んだ。「調査報道」という言葉が新聞記者の金科玉条となり、各社に調査報道班が編成されるきっかけになった。先述した文藝春秋の「田中角栄研究」（一九七四年）は草分け的存在であり、朝日新聞の「リクルート事件」報道（一九八八年）は日本の調査報道の金字塔を打ち立てた。

日本のジャーナリズムにも大きな影響を与えた「ウォーターゲート事件」報道は、ワシントンのウォーターゲートビルに盗聴器を仕掛けようとした五人の男の住居侵入容疑での逮捕で始まった。

侵入犯の一人、ジェームズ・マッコードは元ＦＢＩ捜査官で共和党の大統領再選委員会の警備主任を務めていた。法廷取材で侵入犯の素性を知ったポスト紙のボブ・ウッドワードとカール・バーンスタイン記者は関係者への取材を開始した。その結果、警察が押収した侵入犯の手帳の中にホワイトハウスの連絡先の電話番号が含まれており、侵入犯がニクソン大統領側近と関係のある人物であることが判明する。

当時、リチャード・ニクソン大統領が再選を目指す大統領選挙の中間予備選のまっただ中だった。ニクソン大統領は早々と記者会見を開き、「ホワイトハウスはこの特殊な事件にいっさい関係していない」と表明した。

だが大統領再選委員会とホワイトハウスの両方にニュースソース（情報源）を持っていたウッドワードは粘り強い取材を続けた。その結果、ウォーターゲート侵入事件など一連の不正工作が大統領再選委員会の主導で実行されたこと、ニクソン大統領の元選挙責任者が工作資金を管理していたことなどを突き止めた。

ウッドワードのニュースソースの一人が有名な「ディープ・スロート」だ。ウッドワードはさまざまなスパイもどきの暗号を使って「ディープ・スロート」との接触を図って極秘情報を入手した。

7　「選挙スパイ及び妨害工作」と報道

一九七二年一〇月一〇日、ワシントン・ポスト紙は「民主党妨害の犯人はニクソンの部下と

ＦＢＩ断定」との見出しで、「ウォーターゲート盗聴事件は、ホワイトハウスと大統領再選委員会の上層部の指示で、ニクソン大統領再選のために行われた大々的な選挙スパイ及び妨害工作だった」と報道した。

大統領選挙のために集められた数十万ドルの献金が、民主党大統領候補の信用失墜と選挙運動攪乱を目的とした地下工作資金として用意されていたことも暴露した。この記事はポスト紙とロサンゼルス・タイムズ紙のニュースサービス加盟各紙に流され、全米約二二〇紙のうち半数以上の新聞に掲載された。

だがこの報道は一九七二年一一月の大統領選挙に影響を与えることはなく、ニクソン大統領は六〇パーセントを越す得票によって地滑り的勝利を収めた。再選を果たしたニクソン大統領とホワイトハウスは、大統領再選委員会が絡んだ不正工作疑惑の報道を完全否定し、ポスト紙に対する攻撃を強める。

例えばポスト紙が関係するイベントへの政府関係者の出席を禁止して同紙を孤立無援の状況に置き、同紙にかかわるジャーナリストらを蚊帳の外に置く措置が取られた。ある大統領補佐官はタイム誌で「ワシントン・ポストを締め上げてやる」と口汚く非難した。

さらに一九七三年二月、ニクソン政権はウッドワード、バーンスタイン記者だけでなく、ポスト紙社主のキャサリン・グラハム夫人にまで連邦地裁に出頭して取材源について証言するよう命じた。召還状は事件に関する書類、日記、手紙、写真、録音テープ、原稿、取材ノートなどすべての資料の提出を要求していた。グラハム夫人は回想録『わが人生』（TBSブリタニカ）の中で「私たちは長い間、真実を隠し、歪曲する政府の力を過小評価していたようだ」と書いている。

ポスト紙は過去最大の危機を迎えた。だが、夫人はジャーナリズムの権力への妥協を一切許さず、ウッドワード記者らの取材ノートの隠匿に手を貸した。ポスト紙編集主幹のベン・ブラッドベリーはこう語ったという。

「もし、判事が誰かを刑務所に送り込むとすれば、グラハム夫人以外にないであろう。しかもなんと夫人は自分から入ると言っているのだ！　だから判事は良心にかけて彼女を送り込むことになる。われらのギャルが言論の自由を守るためにリムジンで女子拘置所に乗りつけ、刑務所に入る光景が見えてくるではないか。その写真は世界中のあらゆる新聞に載るだろう。それこそ革命的なことではないか」

結局、国家が暴力によって「報道の自由」を侵害しようとした召還状は取り消された。しかも同じころ、裁判所で奇跡が起こった。侵入犯の一人、ジェームズ・マッコードが連邦地裁のシリカ判事に手紙を書き、裁判で偽証が行われ、複数の高官が関与している事実を暴露した。彼は寛大な刑と引き替えに真実を話すことに同意したのだ。こうしてポスト紙の報道を裏付ける証拠の存在が明らかになり、ようやくポスト紙以外の新聞雑誌が事件報道に加わり、独自の調査取材が始まった。それまで孤立無援の戦いを強いられたポスト紙は、一躍、疑惑解明に向けた調査報道の先頭に立った。

8　大統領を辞任に追い込んだジャーナリズム

マッコードの手紙が公表されたことで、政府を取り巻く状況は一変した。ホワイトハウス関係者の辞任や解任が相次いだ。一九七三年四月、ニクソン大統領はテレビ演説で「私にとって選挙運動を任せた人たちを非難することは簡単だが、それは臆病者のすることだ」と述べ、自分の過失を棚上げにした。

真相究明に向けた議会の動きも加速する。同年七月、米議会上院に設置された「ウォーターゲート特別委員会」に出席したバターフィールド大統領副補佐官が大統領執務室に自動録音システムがあることを暴露した。ニクソン大統領は録音テープの提出を拒否したが、ホワイトハウスが編集したテープの筆記録の中に削除箇所が多数存在し、ニクソン支持は大幅に低下した。

一九七四年三月には、ニクソン大統領の元側近七人が「ウォーターゲート事件」の捜査妨害を謀ったとして起訴される。これに伴い、米議会下院で大統領弾劾（司法妨害、権力の乱用など）が議決され、同年八月、遂にニクソン大統領はテレビ演説で辞任を表明した。

米ジャーナリズムが大統領を辞任に追い込んだのは米国史上初めてのことだ。ウッドワード、バーンスタインという二人の下積み記者による徹底した調査報道と新聞の命運を賭けたグラハム夫人らポスト紙幹部のサポートがなかったら、この事件は日の目を見ることはなかった。「ウォーターゲート事件」はワシントン・ポスト紙の二人の記者によって米国の新たなジャーナリズムの歴史を築いた。初めて「調査報道」という言葉が米国ジャーナリズム界の歴史に刻印され、権力の不正や濫用に敢然と立ち向かった記者の勇気と努力に賞賛と喝采が贈られた。二人が書いた『大統領の陰謀』（文春文庫）は、一九七六年に、ダスティン・ホフマンとロバート・レッドフォードの主演で映画化され、日本でも大きな話題になった。

9　沖縄返還協定の密約報道

米国でウォーターゲート事件の起きた一九七二年、日本では沖縄返還協定の密約をめぐる「外務省機密漏洩事件」が起き、毎日新聞の西山太吉記者が国家公務員法違反（そそのかし）容疑で逮捕された。

法廷では、ペンタゴン・ペーパーズ報道やウォーターゲート事件報道と同様に、「報道の自由」や「知る権利」をめぐって国家と新聞が全面対決した。西山記者は一審で無罪を勝ち取ったが、高裁で有罪とされ、最高裁は「（女性との肉体関係を利用して秘密文書を持ち出したことは）正当な取材行為の範囲を逸脱している」として上告を棄却し、有罪が確定した。「報道の自由」をめぐる政府と新聞の対決は日本では政府側の全面勝利に終わった。

沖縄返還協定は一九七一年六月、佐藤栄作首相とリチャード・ニクソン大統領との間で調印された。翌一九七二年三月、衆議院予算委員会で社会党の横路孝弘議員と楢崎弥之助議員が沖縄返還協定の裏に日米間で秘密の協定、すなわち密約があるとして政府を追及した。

密約とは沖縄返還に当たり、米軍軍用地の復元補償費四〇〇万ドル（当時約一二億円）を、米国が自発的に支払ったようにみせかけて日本政府が肩代わりするという内容で、横路議員は証拠となる外務省電信文三通コピーし、それをふりかざしながら政府に迫った。

横路議員らの追求に対し、当時の佐藤首相、福田外相、外務官僚らは「密約は存在しない」と全面否定を通し、追及は不発に終わった。一方、政府側は電信文の出所を調べ始め、ほどなく外務審議官付き女性事務官が毎日新聞政治部の西山太吉記者に手渡し、それが横路議員に流れたことが判明する。

翌四月四日、女性事務官と西山記者は国家公務員法違反容疑で警視庁捜査二課に逮捕された。女性事務官は国公法一〇〇条の「職務上知ることのできた秘密」の漏洩、西山記者は同一一一条の「そそのかし」に該当するとされた。

西山記者逮捕について毎日新聞社は「国民の『知る権利』どうなる」というタイトルで、「（日常の記者活動に対する）法の不当な適用と受け止めざるを得ない。政治権力の容赦ない介入であり、言論の自由に対する挑戦と解する」（一九七二年四月五日朝刊）とする編集局長見解を掲載した。

見解には、新聞報道の立場はたとえ外交交渉の機密でも、取材の自由は拘束されない、言論機関は国民の知る権利にこたえる役割がある、いかに高度な国家機密といえども聖域ではない、とある。

二、三面では「民主主義保障する言論の自由に危機」などの見出しや、「記者逮捕は知る権利の侵害」とする社説などで、報道・言論の自由に対する国家権力の介入を徹底糾弾する記事で埋め尽くされた。

同時に、社会党議員を中心に「国民の知る権利を守る会」が発足し、都内で大集会が開かれた。他のマスコミ各紙も「知る権利キャンペーン」を張り、政府と戦う姿勢を打ち出した。これに対し、佐藤首相は「(言論の自由に対する挑戦だというなら) オレは戦うよ」と豪語し、参院予算委員会では「国家の秘密はあるのであり、機密保護法はぜひ必要だ」とまで発言している。

10　「機密漏えい」問題への歪曲

現職の記者逮捕という異常事態を受けて、日本でも報道の自由をめぐって新聞と政府の全面対決が始まった。佐藤栄作首相は一九六四年一一月から一九七二年七月まで、八年近い長期政権の花道を「沖縄返還」で飾るつもりだった。米国のベトナム介入を支持し世界の笑い者になった反共主義者は、池田内閣の高度成長経済路線を継承したのと沖縄返還以外、政治家として語るべき成果を挙げていない。

一九六九年、佐藤・ニクソン共同声明で「核抜き、本土並み」の沖縄返還を米国に約束させ、一九七一年六月に日米間で沖縄返還協定が調印され、一九七二年五月の沖縄の本土復帰が決まった。そこへ降って湧いた沖縄密約問題は、末期の佐藤政権にとってアキレス腱になるはずだった。

だが、国民に対する重大背信行為である密約問題は、国家公務員法違反容疑での西山記者と女性事務官の逮捕によって、「機密漏洩」という一八〇度違った方向へと導かれていってしまう。

東京地検は一九七二年四月一五日、西山記者と女性事務官を国家公務員法違反罪で起訴した。起訴状は、西山記者の取材方法を「ひそかに情を通じ、これを利用して」外交機密文書の持ち出しを執拗に迫った、と断罪した。この起訴状によってマスコミや野党による国民の「知る権利」キャンペーンは一気に収束した。

まず毎日新聞が起訴当日の夕刊で「(西山記者の取材方法に)道義的に遺憾な点があった」と謝罪した。販売店に読者からの苦情が殺到し、販売局から編集局に圧力が加わったのだろう。日本の新聞社にとって「報道の自由」も国民の「知る権利」もただのスローガンでありポーズだったのだ。発行部数の維持こそが至上命題である商業メディアの限界が如実に現れている。

毎日新聞の謝罪に続いて週刊誌やテレビのワイドショーが、新聞記者と外務省女性事務官の男女関係に興味本位な視点を重ねた低俗極まりない報道合戦を開始した。なぜか女性事務官自身も泥沼の戦いに加わり西山記者批判を始めた。

法廷では西山記者の「秘密漏示行為のそそのかし」を立証するためだけに証言している。最高裁で西山記者の有罪が確定した背景には、女性事務官が法廷で巧みに「か弱い女性」を演じ続け、西山記者側がそれには一切の反論をしなかったことがある。

11　「政治的意図」が問われる最高裁判決

一九七八年五月、最高裁は西山記者側の上告を棄却し有罪が確定した。この最高裁判断にはいくつかの疑問がある。澤地久枝氏も『密約 外務省機密漏洩事件』で指摘している。

最高裁は「（西山記者が）当初から秘密文書を入手するための手段として利用する意図で（女性事務官と）肉体関係を持ち、依頼を拒み難い心理状態に陥ったことに乗じて秘密文書を持ち出させた」「（女性事務官の）個人としての人格の尊厳を著しく蹂躙し、法秩序全体の精神に照らし社会観念上、到底是認することのできない不相当のものである」と決めつけている。

「当初から秘密文書を入手するため」というくだりは一、二審で検察側主張としては示されていない。一、二審では「（西山記者が）酒食を共にし、肉体関係を持った後なので書類を見せてもらえるのではないかと考えた」とある。

偶発的な出来事の後で「秘密漏示行為のそそのかし」があったと見ていた。ところが最高裁判断は因果関係が逆転している。ここまで踏み込んだ判断ができた理由はどこにあるのだろうか。最高裁では一度も弁論を開いていない。判事の夢物語なのか。そうでなければ内閣に言われたとおりの作文だったとしか言いようがない。内閣は最高裁判事の任命権者だ。

もっと不思議なのは、西山記者の取材方法は刑罰法令に触れていないが、女性事務官の「個人としての人格の尊厳を著しく蹂躙」しており、「社会観念上、到底是認することのできない」ものであるから、「正当な取材活動の範囲を逸脱している」としている点だ。

最高裁は西山記者の行為が国家公務員法違反（秘密漏示行為のそそのかし）の構成用件を満たしているかどうかを問題にしていたはずだ。つまり法令違反があったかなかったかを裁きの根拠としなければならないはずだ。

ところが最高裁は法令に基づく裁きではなく、あたかも「人格の尊厳」や「社会観念」といった抽象的な概念で人を裁こうとしている。「社会観念」や「社会通念」とは、人によってさまざまな解釈が可能な概念だ。「社会観念」に違反すると懲役何年の罪に当たるのだろうか。

また、最高裁は何を根拠に「（西山記者が）当初から秘密文書を入手するため…」と判断したのだろうか。東京高裁判決では「肉体関係もできたので頼めば役所の書類を見せてもらえるのではないか」と指摘している。西山記者が当初から文書持ち出しを目的に女性事務官と肉体関係を持ったとは読めない。肉体関係を持ったその結果として文書持ち出しを依頼してみようという気持ちになったとの判断だった。この判断がどのような過程をへて最高裁判決で覆ったのだろうか。

12　民主主義を愚弄した佐藤内閣

「外務省機密漏洩事件」は一九七八年五月、最高裁が上告を棄却し西山氏の有罪が確定した。米国政府はペンタゴン（国防総省）の機密文書をすっぱ抜いたニューヨーク・タイムズ紙の記事を差し止めようとしたが却下され、新聞側が勝訴した。「表現の自由と国民の知る権利を守るには、権威の座にある者は報道機関の存在を耐え忍ばなければならない」というのがニューヨーク連邦地裁の判断だった。

機密文書をタイムズ紙の記者に渡したエルズバーグ氏も罪に問われることがなかった。ウォーターゲート事件でニクソン政権と戦ったワシントン・ポスト紙は、社主が刑務所に送られることもなく、情報源を守り通した。

ウォーターゲート事件の裁判が続いている時期にニクソン政権は国家公務員に守秘義務を課す内容の刑法改正案を国会に提出している。幸いなことに、ニクソン政権が崩壊したためこの法律は日の目を見なかった。

ポスト紙の編集主幹ベン・ブラッドリーは「もしこの法律が成立していたら、報道の自由は骨抜きにされていただろう。そうなると政府はどんな情報でも公表されたくない情報を公表しないで済ませることができるようになる。それは独裁国家のやることであって、民主主義の政府がやることではない」と述べている。

ブラッドリーが指摘した「民主政府のやることではないこと」を日本政府はやっていた。しかもその張本人である佐藤栄作は「沖縄変協定」で「ノーベル平和賞」まで受賞している。同賞受賞は「核兵器を持たず、作らず、持ち込ませず」という佐藤の非核三原則が評価されてのことだった。だが佐藤は有事の際の沖縄への核持ち込みを事前協議で認める「密約」を米政府と結んでいたことが後に明らかになった。

ノーベル平和賞委員会も二〇〇一年刊行の記念誌で「佐藤はベトナム戦争で米政策を全面的に支持し、日本は米軍の補給基地として重要な役割を果たした。米公文書によると日本の非核政策をナンセンスだと言っていた」と指摘している。記念誌を執筆したノルウェーの歴史家の一人は「佐藤を選んだことはノーベル平和賞委員会が犯した最大の誤りだ。佐藤は核武装に反対ではなかった」と強く批判した。

佐藤のノーベル平和賞受賞は、違法な「密約」によって国民を愚弄し、「報道の自由」と「知る権利」を圧殺した結果、手にしたものだ。日本が真の民主主義国家になるためには、「守秘義務」（一〇九条）と「そそのかし」（一一一条）の違反行為を処罰の対象とし、国民の「知る権利」を阻害し続けている国家公務員法を再考することから始めなければならない。

第2章　調査報道を実践するNPO

1　NPOとメディアの協働

「またしてもネットメディアの時代を象徴する出来事！」。日本の新聞やテレビは「プロパブリカ」のピュリツァー賞二年連続（二〇一一〜二〇一二）受賞を、オンライン紙による快挙として報道した。

その報道の視点はオンライン紙による初受賞という点にのみウエートが置かれていた。新聞やテレビなど日本の既存メディアがいかにインターネット社会の進展に戦々恐々としているのかがよく分かる事例だ。IT信奉者の中にも「いよいよインターネットが新聞を崩壊させる日も近い」と早とちりする識者もいたはずだ。

だが筆者は「プロパブリカ」がオンライン紙であることよりも、非営利という組織形態の方に注目した。米国では広告収入に依存する商業メディアがインターネットの進展によって衰退した結果、財団などから支援を受けたミッション性（社会的使命）の高いNPO（非営利組織）のメディアが活躍する機会が増えた。

さらに商業メディアよりNPOメディアの方が、「公共財」であるジャーナリズムを実践するのにふさわしい組織なのかもしれない。NPOの場合、新聞社では発行部数や広告収入の増加、テレビでは視聴率のアップと広告収入の増加といった市場原理の制約を受けなくて済む。中立公平な立場でのジャーナリズムを徹する可能性もが広がる。

ジャーナリズムの神髄ともいえる調査報道はNPOメディアによってしか担えない時代になったようだ。二〇〇九年一月、エール大学CFO（最高財務責任者）のディヴィッド・スウェンセン氏らがニューヨーク・タイムズ紙の解説面に「公共財としての新聞」という論文を掲載した。ビジネスとして新聞は破綻したが、専門記者が取材し客観的な判断でニュースを作り出し、経験ある編集者が手を加え、商品として世に送り出すインフォメーション・プロバイダーとしての機能は、民主国家にとって不可欠なものだ、だから新聞は公立大学と同じ社会の「公共財」「NPO」として存続していくべきだ、というのが論文の趣旨だ。

ニューヨーク・タイムズ自身が近い将来、商業メディアからNPOへと鞍替えするという噂が流れた。新聞社がNPO化することで財団から資金提供が受けられ、経営基盤の安定化がはかれるというメリットがある。

米国では経営危機を迎えた新聞社がNPOとして生き残る道があるということだ。現時点でニューヨーク・タイムズ紙はNPO化に乗り出してはいないが、同紙は二〇〇九年一〇月から、金曜と土曜のシカゴ版各二ページの製作を地元ＮＰＯのシカゴ・ニューズ・コープ（ＣＮＣ）に任せている。ＣＮＣの編集主幹は元ロサンゼルス・タイムズの編集主幹だ。米国でマスメディアとＮＰＯの協働が実現した一例だ。

日本ではマスメディアとＮＰＯとの協働の例は、新潟県上越市の地域氏「上越タイムス」が一九九九年七月から毎週月曜日に発行している「ＮＰＯプレス」がある。地元ＮＰＯ法人「くびき野ＮＰＯサポートセンター」のスタッフが取材から記事執筆、組み版まで紙面編集のすべてを請け負っている。

当時の大島誠社長によると、「地域紙の役割を考え、地域にこだわった紙面を作るには、地元の市民活動が活発になる仕組みづくりが必要だと感じた」というのがＮＰＯプレス発行の理由だ。ＮＰＯプレスは、ＮＰＯの当事者がつくる紙面として上越地域で受け入れられ、九九年には約六〇〇〇部に落ち込んでいた発行部数が〇九年には約二万部に増えた。日本でマスメディアがＮＰＯと協働して紙面を製作している事例はこの一件だけだ。

２　米国メディア産業の衰退

世界経済がリーマンショックに揺れた翌年の二〇〇九年は、米国新聞産業が最も厳しい試練を受けた年だった。コロラドの伝統紙、ロッキー・マウンテンなど一四二の日刊紙と週刊紙が姿を消した。特に日刊紙は広告収入の大幅減少や発行部数の減少に苦しんでいる。

米日刊紙の発行部数は前年比で五パーセント以上、広告収入は二〇パーセント以上減少した。ワシントン・ポスト紙は二〇一〇年上半期で一三パーセント以上部数を落とし、六〇万部を切った。同紙は海外特派員を大幅に減らし、米国内の特派員も廃止した。今や、同紙は首都ワシントンの地域紙になった。

広告収入の比率は日本の日刊紙では二四パーセント前後だが、米国では八〇パーセントを超えている。広告収入の大幅減少は米国の日刊紙の経営に大きな打撃を与えている。日刊紙の発行部数（二〇一〇年上半期）は、米国最大のＵＳＡトゥデイが約一四パーセント減の一八三万部、ニューヨーク・タイムズが約八・五パーセント減の九五万部、ロサンゼルス・タイムズが約一五パーセント減の六二万部など軒並み大幅減を記録した。この結果、新聞社では編集部門を中心に大幅な人員リストラが進み、全米で約九万人の編集者や従業員が職を失ったといわれる。

米国の主力日刊紙はどこも経営危機の時代を迎えている。こうした中、ワシントン・ポスト紙だけは、金融危機後も黒字を維持している。といっても新聞発行によって支えられているのではない。教育部門の子会社、カプランがグループ全体の収益の半分以上を稼ぎだしているのだ。

現在の社主ドナルド・グラハム会長は「二〇〇八年以降、わが社は教育・メディア企業となった」と胸を張る。カプランだけでなく、傘下に収めるテレビ局やケーブルテレビ（ＣＡＴＶ）を活用し、事業の多角化にも成功した。

3　ジャーナリズムは公共財

一方、ニューヨーク・タイムズ紙は、先述のようにシカゴ版の製作をＮＰＯに任せているほか、ウェブサイトの運営をニューヨーク大学との共同事業としてスタートさせている。広告収入、発行部数の減少に苦しむ同紙にとって、ＮＰＯや大学など非営利組織との協働が生き残り戦略の中核となっている。

スウェンセンらの論文がニューヨーク・タイムズ紙に掲載されたのは二〇〇九年一月だが、同年一〇月にはワシントン・ポスト紙の副社長レナード・ダウニーとコロンビア大学ジャーナリズム大学院教授のマイケル・シャドソンが共同で「米国ジャーナリズムの再生（*The Reconstruction of American Journalism*）」という報告書を発表した。

シャドソン教授は報告書で「米国では伝統的な新聞のビジネスモデルは崩壊した」と主張している。シャドソン教授の言う「伝統的ビジネスモデル」とは、スポーツなど娯楽記事で読者を集め、三行広告で稼ぎ、政府や権力を監視し、国際情勢を追いかけ、調査報道を行うという形態のことだ。

広告収入によって支えられてきた新聞の経営基盤はインターネットの無料の情報や低価格の広告によって崩壊した。テレビも視聴者を失い、広告収入を減少させている。信頼できるニュース報道を維持するにはどうすべきか？　ジャーナリズムに携わる者が、新しいメディアのあり方と未来を考えるべき時代に入った。

米国でニュース報道はオンライン紙やＮＰＯメディア、公営テレビ、大学発のニュースサービス、市民参加型の地域ニュースサイト、ブロガーなどによって担われるべきだという意見がある。中には新聞社など報道機関はＮＰＯ化すべきだという主張する研究者もいる。

彼らは、ニュース報道を支える資金については、従来のような広告収入や購読料だけでなく、財団や個人の寄付、大学・政府の予算など複合的に求めるべきだという考えを示している。メディアに対する寄付税制の見直しや公共放送への公的資金投入なども提案している。

イリノイ大学教授のロバート・マクチェズニーと米誌、『ネイション』記者のジョン・ニコルズは、「ジャーナリズムは公共財だ」という議論をさらに一歩進めている。二人はメディア改革のためのＮＰＯ「フリープレス」の共同設立者であり、二〇〇九年に『米国ジャーナリズムの生と死（*The Death and Life of American Journalism*）』という本を出し、民主国家にとってなくてはならないジャーナリズムを救済するには、「政府が新聞に公的資金を投入すべきだ」と主張している。

マクチェズニーとニコルズは、米国のジャーナリズムを存続させるには、ＮＰＯメディアがジャーナリズムを担い、公権力から独立したＮＰＯメディアのセクターを創設すべきだと考える。

ジャーナリズムを教育制度と同じ「公共システム」ととらえるならば、政府が公的資金を投入するのは当然のことだというのだ。公的資金投入の議論は別として、将来、ジャーナリズムの担い手はＮＰＯメディアに移るという見通しはシャドソンらの報告書と共通している。

4　記者クラブと「発表報道」

日本では、ＮＰＯがジャーナリズムの担い手になるという議論はまったく起きていない。確かにリーマンショックによってマスメディアの経営危機が顕在化したのは事実だ。ブロードバンドの進展に伴い広告収入のシェアをインターネットに奪われてきた。戸別配達制度や特殊指定などによって守られているとはいえ、新聞の発行部数は年々減少の一途をたどっている。

新聞業界の構造的不況は相変わらず続いており、国内外支局の閉鎖や縮小、本社・支局の人員リストラや取材費の削減も進んでいる。この結果、「ヒトと金」が必要な調査報道セクションは縮小が進み、調査報道や独自取材記事が減少する傾向にある。それを埋め合わせているのが、政府、各省庁、警察、検察、経団連など記者クラブで生産される発表記事だ。

記者クラブとは、日本新聞協会によれば、官邸や各省庁、都道府県、警察、検察、業界団体など公的機関を継続的に取材する記者によって構成される「取材・報道のための自主的な組織」ということになる。

記者クラブに所属する記者は公的機関内に設置された記者室を拠点に提供資料やレクチャー、記者会見を元に取材活動を進めている。記者クラブの会員は基本的に日本新聞協会に加盟している新聞社や通信社、放送局の記者で、記者クラブへの加盟には記者クラブ会員の同意を必要とする。

日本新聞協会は記者クラブ制度について「『言論・報道の自由』を求め日本の報道界が一世紀以上かけて培ってきた組織・制度」（二〇〇二年「記者クラブに関する日本新聞協会編集委員の見解」）と位置づけている。本当だろうか？

日本のマスメディア・システムの中核をなす記者クラブの歴史は、明治維新後の一八八二年（明治十五年）に太政官に設置された「新聞社員溜所」にさかのぼる。一八九〇年（同二十三年）には国会記者クラブの走りともいえる「議会出入記者団」が帝国議会に設置された。

大正デモクラシーをへて東京に八〇を越す記者クラブが設置されたが、当時は記者の寄り合い所程度のものでしかなかった。その記者クラブが現在のような当局情報を効率的に伝えるプロパガンダ機関に変貌したのは、太平洋戦争を前に日本が戦時体制へと突き進み始めた時のことだ。

一九三八年（昭和十三年）、国家総動員法が施行され、一九四一年（同十六年）に太平洋戦争が始まるが、同年に新聞事業令が発布され、新聞の統制団体である日本新聞会ができる。日本新聞協会の前身だ。戦争遂行内閣の東条首相は、各省庁に一つずつ記者クラブを設置する「一官庁一クラブ」体制を推進するとともに、全国に一二〇八あった日刊紙を統廃合し五五に減らした。記者クラブに所属する記者には「新聞通信の国家的使命」が課された。記者クラブとは、政府官庁や大本営の発表を国民に一方的に伝え、情報統制するための情報伝達システム、すなわち戦争遂行のためのプロパガンダ装置として完成した。

戦後、ＧＨＱ（連合国軍総司令部）は「新聞の自由を妨害する」として解散をもくろんだが、日本新聞協会は「記者クラブは各公共機関に配属された記者の有志が相集まり、親睦社交を目的として組織するものとし、取材上の問題には一切関与せぬこととする」とする方針を打ち出し、ＧＨＱによるお取り潰しを逃れた。

5　自主的・自発的な報道統制

現在も同協会は記者クラブを「記者の懇親の場」と説明するが、実際には取材報道内容をめぐって各社に都合の悪いことが持ち上がった場合、特定の会員記者を「登院停止処分」や「除名」にすることも可能だ。

記者会見の内容を「オフレコ」とし報道統制を敷くこともあった。当局にとって都合の良い「オフレコ協定」を破った社にはクラブ総会で除名処分が下される。記事の掲載・放送日時を都合良く談合して決めることも日常茶飯事だ。

結局は記者クラブそのものが当局のコントロール下に置かれ、マスメディア記者が当局との良好な関係を維持する機能を果たしている。当局情報を読者に一方的に伝えるプロパガンダ・システムである点では戦前と変わらない。戦前との大きな違いは、記者クラブに加盟しているマスメディア各社が自主的・自発的に報道統制に加担している点だろう。

記者クラブ制度を介して、日本の新聞やテレビ報道の多くは当局発の情報で占められるようになった。記者クラブ所属記者は、記者室にいるだけで簡単に一面トップや社会面トップの記事を書くことが可能だ。発表情報に基づく取材報道は、一から自分の足で調べる必要のある調査報道の対極にある。日々の新聞紙面の大半は当局の発表資料に基づいて出来上がっている。

朝刊でも夕刊でも、日刊紙を二、三紙、読み比べてみれば、ニュースソース（情報源）が同じで内容や書き方も似通った記事が数多く掲載されているのですぐそれと分かるはずだ。テレビも含めて日本のマスメディアが政府や行政の広報紙と言われるゆえんだ。

６　ＮＰＯメディアを支援する社会システム

調査報道を実践するＮＰＯの発展が米国ジャーナリズム界の現在を象徴している。だが日本のメディア界では、「調査報道」も「ＮＰＯ」もなじみの薄い言葉でしかない。今のところ、日本ではＮＰＯがジャーナリズムや調査報道を実践するという発想はなさそうだ。

「プロパブリカ」のピュリツァー賞受賞のニュースも日本では「オンライン紙の快挙」として報じられた。米国では調査報道NPOが「公共財」としてのジャーナリズムを担う主体として注目を浴びているが、日本ではNPOについての理解が浸透していないせいか、NPOメディアとしての注目度は低かった。

二〇〇九年一二月、CPI創設者のチャールズ・ルイスさんが早稲田大学大学院政治学研究科ジャーナリズムコースのプロジェクトマネージャー、瀬川至朗教授の招きで来日した。米国調査報道NPO関係者の来日は初めてであり、東京・内幸町の日本記者クラブでの講演には多数のメディア関係者が詰めかけた。

大手紙の記者の多くは、調査報道NPOがジャーナリズムを実践する基盤が米国には存在し、しかも財政基盤のほとんどが個人や財団からの寄付であることに心底驚いた様子だった。しかも商業紙から調査報道NPOへの移籍を望むジャーナリストが多く、移籍後の給料はニューヨーク・タイムズ紙やワシントン・ポスト紙など大手新聞より高いという事実にも驚かされた。

それまでNPO関係やオンライン系、独立系メディアの取材を続けてきた筆者は、ルイスさんの講演を聞き、二〇〇九年一二月二一日の東京新聞解説面の「メディア観望」というコラム記事で次のように書いた。

「（米国のNPOメディアは）質の高い調査報道コンテンツを持っており、安いコストで良質なジャーナリズムを求める地域紙などと連携することで、営利・非営利メディア間の『ウインウイン』な関係も生まれている。その結果、調査報道というジャーナリズムが米国社会に浸透するきっかけにもなっている。日本でもＮＰＯメディアが調査報道や質の高いジャーナリズムの担い手となる日が来るかもしれない。それにはＮＰＯを支援する社会的システムや助成財団の存在が前提となる」

7　社会的影響力を強める調査報道ＮＰＯ

ルイスさんの講演を聞いた日本のマスコミ関係者は、「調査報道ＮＰＯ」という言葉に戸惑いを見せた。米国では商業紙が経営危機を迎えており、調査報道の実践主体はＮＰＯに移行しつつあるのだが、日本ではＮＰＯとメディアが結びつかなかったからだ。

調査報道ＮＰＯが躍進した背景にはさまざまな要因がある。米国は日本に比べてＮＰＯや市民活動に対する理解がはるかに浸透している。ＮＰＯに対する税制優遇措置も整備されており、個人や企業、財団から寄付が流れ込みやすい環境ができている。「国に税金を持って行かれるくらいなら使い道のはっきりしているＮＰＯに寄付した方がいい、社会貢献にもなる」と考える財閥や富豪も米国には多いといわれる。

ＮＰＯ活動を前進させるこうした土壌を背景に、調査報道ＮＰＯは全米で活動基盤を広げている。「プロパブリカ」によるピュリツァー賞受賞もそうした動きに拍車をかけている。その

「プロパブリカ」は、インターネットだけでは社会的影響力を十分に発揮できにくいと考えている。「プロパブリカ」は調査報道の影響力を強めるため、ニューヨーク・タイムズ紙など影響力のある商業メディアとの協働関係をフルに利用している。「プロパブリカ」に限らず、ＮＰＯメディアの多くは、商業メディアとの日常的な連携を深めている。

ある意味、調査報道ＮＰＯにとってオンライン紙であることが重要なのではない。社会的な問題を浮き彫りにし、腐敗や欺瞞、矛盾を暴露し、社会変革をめざすことが重要なのだ。ツイッターやフェイスブックなどＳＮＳを活用するのは、どこの調査報道ＮＰＯも同じだが、インターネットがツールの一つにすぎないこともよく理解している。

調査報道の意義は、当局の発表や権力者の情報に依存せず、記者自身の調査によって隠された真実や社会悪、権力の濫用を白日の下にさらすことにある。調査報道によって「メイク・ア・ディファレンス（社会を変える）」をめざす米国調査報道ＮＰＯは、既存の商業メディアに代わって「社会的不正義を暴く」というピュリツァーの遺言を実践している。

「３・11」以降、日本でも当局情報に頼らないジャーナリズムや調査報道が再評価されるようになった。欧米ほどではないが、新聞は発行部数や広告収入を減らし、テレビは金をかけない安直な番組を増やし続けている。既存の商業メディアの衰退が始まれば、オンラインを利用した多様なメディアの進展がもっともっと進むはずだ。その時、日本にも、米国型のＮＰＯメディアによって調査報道が実践される時代がやって来るに違いない。

第3章　「公共するジャーナリズム」実践に向けて

1　マスコミ記者のあり方に対する疑問

筆者は、中日新聞社に入社後、社会部などに所属し、愛知県警、石川県警、警視庁、警察庁などを担当した。毎朝、警察の記者クラブに出勤し広報担当から情報をもらい、それを基に取材し原稿を書いた。「夜討ち朝駆け」に明け暮れ、まっとうな社会生活を送ることができなかった。

その後、警察取材を離れ、北陸本社（金沢）にデスクとして赴任した際、初めてＮＰＯに出会い、それまで気付かなかった新しい市民社会の動きやＮＧＯによる国境を越えた活動を知った。

マスコミ記者の情報源は、国や行政、警察など「第一セクター（行政セクター）」と、経済界や民間業者など「第二セクター（営利セクター）」が中心で、筆者も政府や警察にぴったり寄り添うようにして記事のネタを追いかけてきた。ＮＰＯ、ＮＧＯなど「第三セクター（非営利市民セクター）」は、第一、第二セクターから独立し、自主的・自発的な活動によって社会的サービスを提供する領域であるが、マスコミ記者の視野に入っていなかった。

そこでＮＰＯ活動を理解するため、いくつかのＮＰＯに加入し、そこから見えてくるものを取材することにした。

すると、それまでやってきたマスコミの取材方法に疑問を感じるようになった。きちんと読者に向き合ってきたのか、市民に向き合ってきたのかという疑問だ。記者クラブを拠点に取材活動をしているときは、「これがニュースだ」と自分たちが判断したものだけがニュースであり、それをいち早く読者に伝えれば仕事は終わった。読者が本当に何を求めているのか、読者にとって必要な情報とは何かを考える余裕はなかった。

２　マスコミが伝えなければニュースではないという「奢り」

官庁の記者クラブにいると大臣や次官が取材相手なので、何か記者自身も偉くなったような気になる。広報担当が記者クラブに次々と発表資料を持ってきてくれる。定期的な記者会見や担当官によるブリーフィングもある。すべてが御膳立てされているので、ニュース価値も当局の力の入れ具合によって決められてしまう。記者は本社に送稿予定を送り、締め切り時間に間に合わせて原稿を書けば、何か立派な仕事をした気分に浸ることができる。

記者クラブ取材では自分の頭で何がニュースなのかを考える前にニュースが決まっている。記者クラブを離れて初めて、第一、第二セクターだけを情報源としたマスコミの取材方法に疑問を感じるようになった。

自民党から民主党へ政権交代した後、当時の鳩山由起夫首相は「新しい公共」という言葉を使い始めた。公共サービスをＮＰＯやＮＧＯ、市民が主体となって提供するという考え方だ。鳩山首相は施政方針演説などで「新しい公共」を取り上げ、国家戦略の柱にした。これに基づき、国は二〇一〇年度の補正予算で「新しい公共」の支援事業として八七億五〇〇〇万円を各都道府県に交付した。日本のＮＰＯは欧米とは違って社会的セクターとして弱小だ。ＮＰＯの多くが行政の下請けにされ、ワーキングプアの状態が続いている。一部税制改革は実現したが、税の分配の問題が大きいのではないかと思う。

3　「小沢事件」を強制起訴

二〇一二年五月四日発売の週刊朝日に「小沢一郎を陥れた検察の『謀略』」という記事が掲載された。週刊朝日は五、六年前から、小沢一郎に対する業者のダム建設献金疑惑に関する検察捜査を批判してきた。記事は、小沢失脚を目的とした検察捜査の問題点に焦点を当てていた。週刊朝日は記者クラブに入っていないからこうした記事を書くことができた。

新聞やテレビには東京地検特捜部を担当する記者がいる。東京地検記者クラブには、キャップ以下六、七人の記者が常駐している。彼らは日常的に特捜部長や副部長と接触し、夜、官舎を訪れ、事件の筋や見立て、感触を探る。事件を担当する一般の検事（ヒラ検）に会うことは禁止されているので、各社とも同じネタ元から同じ話を聞いて、その日の記事を書いているわけだ。

東京地検特捜部は「小沢事件」を起訴することができなかった。それを検察審査会は「起訴相当」の議決を二度出し、小沢氏は指定弁護士によって強制起訴された。二〇一二年四月二六日には東京地裁が小沢氏に無罪を言い渡したのだが、指定弁護士が控訴した。

検察審査会は、戦後、検察官が独占している公訴権の行使に民意を反映させ、不当な起訴や不起訴処分を抑えようと地方裁判所に設置された機関だ。以前は、検察審査会の議決に拘束力がなく、起訴するかどうかの最終判断は検察官に委ねられていた。しかし、二〇〇九年の司法制度改革で検察審査会法が改正され、検察審査会の議決に拘束力が生じるようになった。盲腸のような存在だったものが、突然、公訴権の行使に強く関わることができるようになったのだ。

今回、「小沢事件」での審査過程で、東京地検の検事が虚偽の捜査報告書を出していたことが判明した。小沢氏の秘書だった石川知裕議員を聴取したという検事の報告書がねつ造されていたという信じられない案件だ。週刊朝日は報告書ねつ造に関わった検事たちを実名で報道した。

4 マスコミへのリーク情報

民主党への政権交代前に、小沢氏は政治主導を提唱し「霞が関をぶっ壊す」と発言し、その象徴的存在である最高検の検事総長を「（内部昇格ではなく）民間人から登用する」と口にしたことがある。検察庁という組織は、最高検察庁の検事総長をトップにした巨大なヒエラルキーであり、その頂点に位置する検事総長はこれまで検察内部の人事で決められてきた。小沢氏が狙い撃ちされたとすればそこに何らかの理由があるのかもしれない。

捜査開始当初のマスコミへのリーク情報はでたらめだった。各紙の報道を見る限り、ダム建設などをめぐる贈収賄で「小沢逮捕」間近の印象を受けた。結果的には、小沢氏は政治資金規正法違反の中でも最も微細な罪で起訴された。マスコミ各社は、検察のプロパガンダに踊らされ、競い合うようにして架空の「小沢事件」を書きまくったが、どの社も自分の報道を検証したり反省したりすることはなった。

記者クラブはマスコミ記者にとって便利な制度だ。記者クラブに所属している記者は常に他社の監視を受けているともいえる。一社が特別なネタをつかんだ場合、潜行取材のため記者クラブに顔を出さなくなったり、いつもと違った動きをみせたりすれば、他社の記者に気づかれる恐れがあるからだ。

「おかしいな」と気付いた場合、関係部署を回って情報収集すると、どの事案で動きがあるのかが薄々分かってくるものだ。何とか強制捜査など紙面化のタイミング前に内容を把握できれば「特落ち」は避けられる。広報担当が何も知らない社にこっそり耳打ちし「情報の地ならし」をやってくれることもある。記者クラブとはそうした不思議な談合組織だ。新聞紙面に載る記事の八割以上は、こうした談合組織である記者クラブを経由してつくられている。新聞記者が自分の足を使って書いた記事は二割以下しかない。

もう一つ特徴的なのは、一面や社会面の主立った記事は各紙ともほぼ同じという日が多いことだ。当局側がニュース価値を判断し、優先順位を付けて発表してくるので、新聞社側は当局から説明を受けた通りに記事を書けば良いことになる。こうして横並び紙面が日々生産される。

実はこの横並び紙面は、新聞の戸別配達制度にとっても意義がある。新聞を長期契約で購読してもらうには、各紙の紙面が違っていては困るからだ。朝日新聞の販売店員が読売新聞を購読している読者に「朝日をとってください」と勧誘するには、朝日も読売もほぼ同じ紙面構成でなければならない。

記事内容に多少の違いはあっても、主要なニュースが同じようなスタイルで掲載されていなければ、新聞購読が飽和状態にある日本での新聞拡張は不可能になる。というのも販売店にとって「お宅の新聞にあの記事が載っていなかった」というクレームが一番こたえるからだ。記者クラブ制度と戸別配達制度は日本のマスメディア・ジャーナリズムの生命線になっている。

記者クラブで生産される横並び紙面は、新聞の報道姿勢にも大きな制約を与えている。政府や行政、経済界が発表する情報は、その内容や実現性がどうあれ、まず当局が発表した内容をなぞった、いわゆる本記筋の原稿が一面トップで掲載される。本記に関連したサイド記事や解説記事などは二面や三面に回されることが多い。読者がまず目にするのは一面のトップ記事であり、読者に一番大きな影響力を持っている一面トップ記事が当局の発表そのものであるケースが多い。

5　東電会見の問題点

二〇一一年三月一一日、福島第一原発事故が発生して以来、連日、東京・内幸町の東電本店で記者会見が開かれてきた。事故発生から一カ月あまりたった四月一七日に緊急記者会見の通告があり、東電が突然、「原発事故収束に向けた工程表」を発表した。複数の炉心でメルトダウンが起きていることや、さまざまな放射性物質が大量に飛散していることなどがまだ隠されていたころのことである。

会見には勝俣恒久会長ら東電幹部が勢ぞろいし、放射線量を着実に減らす「ステップ1」と放射線量をさらに大幅に抑える「ステップ2」の二段階に分けた作業工程について説明した。工程表は、六～九カ月後には原発は「冷温停止」にいたり、事故は収束するといった内容のものだった。ただ当時、既に実行している数々の対策を並べ立てただけのものであり、六～九カ月で収束に至るという根拠は何も示されていなかった。

会見場には一〇〇人余りの記者が詰め掛けたが、工程表通りに事が運ぶと信じた記者は一人もいなかったはずだ。実は、工程表はもっと時間をかけて吟味したうえで発表する予定だった。

この日、米国のクリントン国務長官が来日し、菅直人首相と会談する予定が入った。官邸の意向で急きょ、工程表を発表したのではないか。記者の質問に対し勝俣会長がはき捨てるように言った。「官邸からの要請があったので急いで（工程表を）つくった」

記者から「炉内の様子が分からないのに、六〜九カ月で収束なんてどうして言えるのか？」という質問が出た。週刊ＡＥＲＡ（アエラ）の山田厚史記者も「収束できるという根拠を示してほしい」と厳しい調子で問いただした。「根拠はありません。やってみるだけです」。勝俣会長が憮然とした表情でこう答えたのを覚えている。

こんな記者会見だったにもかかわらず、その日午後七時のＮＨＫニュースはトップニュースで「東電が原発事故は六〜九カ月で収束するとする工程表を発表しました」と報じた。原発事故の収束だけを印象付ける構成のニュースであり、記者会見場の緊迫した雰囲気はまったく伝わってこなかった。

翌日の新聞各紙も、一面トップで「東電が工程表を発表」「原発事故収束へ六〜九カ月」と大見出しが躍っていた。各紙ほとんど同じ内容、同じ大きさの究極の横並び報道だった。二、三面の関連記事で「工程表通りに行くのか？」といった疑問を投げかけてはいたが、一面記事のインパクトが強く、多くの読者に「これで原発事故は終わりだ」と思わせたに違いない。

日本の新聞テレビは一般読者や市民に対して必要な情報をきちんと伝達できるメディアにはなっていない。もしマスメディアが「市民の視点」に立っていれば、一面のトップ記事はもう少し違った書き方になっていたはずだ。読者が最初に目にする一面で堂々と問題点を明らかにし、批判的な見方や疑問を伝える報道も必要なのではないか。

6　「共働 e-news」創設をめざして

市民に対する「報道被害」や「マスコミ不信」を招いているマスメディアに変革を求め「市民の視点」に立った「公共するジャーナリズム」を実現するため、筆者は、ＮＰＯ法人「ＮＰＯ研修・情報センター」の世古一穂代表理事（元金沢大学大学院教授）とともに、ＮＧＯ・ＮＰＯ・市民とマスメディアとの協働を促進し、「公共するジャーナリズム」を実践する調査報道ＮＰＯ「共働 e-news」の創設をめざしている。

第２部で述べた「公共するジャーナリズム」を実現するには、自らが調査報道の担い手となり、ニュースの発信主体になる必要がある。市民社会を基盤にした情報に基づくニュースを発信することで、ＮＧＯ・ＮＰＯの活動基盤をより強固なものにするとともに、市民の自発的な政治・社会参加に基づく市民社会創設の担い手となることが求められる。

また全国にコミュニティレベルでの情報発信基地となるパブリック・アクセスセンター（ＰＡ）の設立を進め、ＮＰＯ・ＮＧＯ関係の情報発信の場とすることも必要だ。ＰＡセンターは、官主導の公的ジャーナリズムを拡大再生産している記者クラブ制度を否定し、マスメディアに変革を求め、メディアを市民の手に取り戻す拠点となるはずだ。

「共働 e-news」は市民や財団の寄付によって運営され、国内外の非営利独立メディアとの連携を深め、国際的なＮＧＯ・ＮＰＯ・市民ネットワークを構築することを目的とする。そのため幅広い論議を社会に提起し、市民の自発的・自主的参加と協働に基づく「公共する」ジャーナリズムの創出をめざすものである。

７　パブリック・アクセスの重要性

戦後、日本のマスメディアは「報道の自由」「取材の自由」を背景に民主主義の発展と世論形成に寄与してきた。だが、高度成長やバブル経済をへてマスメディアの巨大化と商業化が進んだ結果、政府や財界と歩調を合わせた官主導型の報道が幅をきかせる一方、社会に開かれた本来のジャーナリズムは影を潜めてしまった。

日本のマスメディアは世論調査に基づく「世論」や「視聴率」を盾として商業主義に突き進むことで公共的（パブリック）な在り方を失うとともに、情報発信のシステムと技術を独占することでＮＧＯ・ＮＰＯ・市民による情報発信の機会を奪い続けている。

米国では九〇年代に「パブリック・ジャーナリズム」運動が始まったことは第２部で書いた。地域住民が抱える生活レベルでの政治課題を長時間かけた対話の中から掘り起こし、市民との協働に基づいてマスメディア記者が取材報道する市民参加型の試みといえる。

「パブリック・ジャーナリズム」は「解決すべき課題は市民によって用意されなければならない」という理念に貫かれている。市民が自ら情報発信するためメディアへのアクセスを権利として保証するパブリック・アクセスの考え方が背景にある。

市民が自主的に制作した番組をCATVなどテレビ事業者に義務付けるパブリック・アクセス・チャンネル（PAC）の制度化は、八〇年代の米国で始まり、ドイツのオープンチャンネルや韓国の公共放送などに引き継がれた。米国では、非営利のニュースサイトや調査報道NPOが創設される一方、市民が自主的に情報発信する拠点となるパブリック・アクセスセンター開設の動きも広まっている。

8　ジャーナリズムの公共性

米国のオンライン新聞「ハフィントン・ポスト」が二〇〇九年五月に設立した調査報道基金の理事長に就任した元ワシントン・ポスト紙調査報道部長のローレンス・ロバート氏は「新聞が果たしてきた公共的役割を非営利組織に委ねる時代が来た」と宣言した。米国では非営利組織が市民参加型のジャーナリズムを担う時代が到来している。

パブリック・アクセスセンターは、図書館など公共的施設を利用し、市民の情報発信基地として全米六三〇カ所以上に拡大している。全米地域メディア連合も結成され、ＰＡＣに基づく番組制作やメディアリテラシー教育など様々な講座を開催し、「メディアによるコミュニティ作り」を実現している。

インターネット社会の進展とメディア環境の変化に伴い、日本でもインターネット新聞・テレビ、コミュニティＦＭなど市民メディア、非営利独立メディアの多様化が進んでいる。自らインターネットのブログやツイッターなどを使って情報発信する市民も増えている。

市民の自主的・自発的な社会参加やメディアへの市民参加の機運が飛躍的に増大しているにも拘わらず、マスメディアは市民社会に背を向け、ＮＰＯ／ＮＧＯを連携し協働するパートナーとみなそうとはしてこなかった。マスメディアが市民社会に顔を向けた「公共するジャーナリズム」を実現するには、ＮＧＯ／ＮＰＯ／市民との協働を促進し、新しい市民社会を構築する構成要因となる必要がある。

「共働 e-news」は、「公共するジャーナリズム」を自ら実践するためニュースを発信する媒体となることをめざしている。このため商業主義に陥ったメディアでは不可能になった調査報道や市民参加型ジャーナリズムを実践している米国の調査報道ＮＰＯやオンライン新聞をモデルにしている。

また、「共働 e-news」は、全国各地にコミュニティレベルでＮＰＯや市民が参加し情報発信の基地となるパブリック・アクセスセンターの設立を進め、マスメディア変革の拠点としたい。

「公共するジャーナリズム」を実践する主体となる「共働 e-news」は、新しい市民社会の構築をめざしている。このため、マスメディア報道を批判・検証しマスメディアに変革を促すことを目的に、フリーランサーなど多様なジャーナリストや市民メディア、非営利独立メディアとのネットワークを広げ、マスメディアを包囲し変革を求めるプラットホームづくりを進める。「共働 e-news」は、マスメディア、非営利独立メディアなどさまざまなタイプのジャーナリストやメディアに関心のある研究者やＮＰＯ、ＮＧＯなどに参加を呼びかける。また、シンポジウムの開催やアピール文公表など市民活動によって運営基盤を強固にするとともに、国内外の非営利独立メディアとの連携を深め国際的なＮＧＯとのネットワークを拡大する。

ジャーナリズムが公共的なものであるとするならば、市民の意見に耳を傾け、市民の意見を記事に反映させるだけでは十分とはいえない。マスメディアの記者が取材し記事を作成するプロセスに市民も参加し、記者と市民との合意形成をへて報道するシステムの構築も求められる。それには米国の「パブリック・ジャーナリズム」運動が参考になる。「パブリック・アクセス」の観点に立ち、市民参加型のジャーナリズムを実現するには、「市民参加と協働」を促進する調査報道ＮＰＯの創設がカギとなる。

第4章　パブリック・ジャーナリズム

1　ジャーナリズムの存在意義

「パブリック・ジャーナリズム」運動の提唱者、ニューヨーク大学ジャーナリズム学部教授のジェイ・ローゼンは一九九九年に『ジャーナリストは何のために？（*What Are Journalists For?*）』（エール大学出版会）を出版した。九〇年代、米国の地域紙で始まった、「市民参加と協働」を軸としたジャーナリズム運動のバイブルだ。

近年の新聞不況によって「パブリック・ジャーナリズム」運動の実践主体となった地域紙の多くは姿を消したことから運動そのものは下火になった。市民とコミュニティ、市民と社会をつなぐ公共的な言論の場をつくろうという運動のコンセプトは、オンラインのＮＰＯメディアとして復活した地域紙や調査報道ＮＰＯの中に引き継がれていることは既に書いた。

ローゼンは一九八九年に「パブリック・ジャーナリズム」の理念に行き当たった。一九九三年には「公的生活と新聞プロジェクト」の代表に就任し、「ジャーナリズムとは何か？」とか

「ジャーナリズムは何のためにあるのか？」といった課題について考えるようになった。

このプロジェクトの中でジャーナリストや有識者たちと協力しながら活動した結果、新聞はただ単にニュースを伝えるだけでなく、もっと違った視点で報道する必要があることに気が付いた。新聞の役割についてローゼンは「世界を作り上げそれを記述することにある」と指摘する。ジャーナリズムが「公共の利益」に役立つのかどうかが問題だったのだ。

「パブリック・ジャーナリズム」の草創期に重要な人物が二人いた。新聞グループのナイト・リッダー総帥、ジェームス・バッテンとカンザス州ウィチタで発行されている地方紙、「ウィチタ・イーグル」の編集者、デービス・メリットである。

バッテンは、一九八九年以来、「新聞は民主主義のために仕事をすべきだ」と訴えた。新聞は市民に議論の場を提供し、利害の異なる団体を集めて議論させ、生き生きとした課題として政治を語るように求めてきたという。ジャーナリストは市民の目を重要な課題に向けさせる役割があるのだから、市民が新聞を読まなくなることは「公共の喪失」であり、「市民とコミュニティの喪失」でもあると考えた。

またジャーナリストは自分の会社の利益を考えるだけでなく、公共生活への市民参加を重視すべきだと考えた。彼にとって新聞の役割は、自分たちのコミュニティで何が起きているのか、それに対してどのような行動を起こせばよいのかを読者に伝えることだったからだ。

一方、メリットは新聞を使った社会実験に取り組んだ一人だ。メリットは一九八八年の大統領選直後から選挙報道のあり方を模索していた。一九九〇年のカンザス州知事選・選挙キャンペーン特集の冒頭、メリットは「前もって言おう、これが我々のバイアスだ」と題する記事を掲載した。ウィチタ・イーグル紙が持つ政治的バイアスを明らかにした上で、今後の特集記事を読んでもらいたかったからだ。

「有権者は、さまざまな問題について深く候補者に語らせる権利がある」と指摘する。またメリットは、選挙キャンペーンについて意味のある報道をするため、「カンザス州が直面しているすべての問題について各候補がどういう立場を取っているのかをきちんと理解する機会」を提供することにした。

これは二年後に「有権者のプロジェクト」という企画に発展した。このプロジェクトで地域の有権者にインタビューし、彼らにとって何が必要か、どんな政策が求められているのかを探った。

「有権者のプロジェクト」はジャーナリズムのコミュニティへの関わりを取り戻し、有権者の政治離れを克服する実験的試みだった。ローゼン教授は書いている。「ウィチタ・イーグル紙の試みは、新聞が情報を提供するにとどまらず、読者を公共生活に『招待する』役割を担うべきだとする考えに基づいている」

新聞は参加の機会を提供し、有権者にとって意味のある議論を報道し、それにより有権者が市民として自分たちの能力を高めていく手助けをするべきだ、というのがメリットの考えだった。

「パブリック・ジャーナリズム」が報道の哲学であるとすれば、この考えはその核心を突いていた。メリットは「有権者プロジェクト」について「われわれは受動的で有害になりつつある選挙キャンペーン報道を意図的に破壊した。実際に報道ブースを離れ、フィールドに飛び込み、異議申立人としてではなく公正な参加者として選挙キャンペーンがどう進むのか自分たちの興味と意見をオープンにした」と語っている。

さらに記者たちも変わった。「同時に（今回のプロジェクトを通じ）私とウィチタ・イーグル紙の記者たちは（ジャーナリストのくびきから）解放された。われわれも読者も、もはやまずい政治の被害者ではない。死に瀕している公共を救うという新たな目的を得たのだから」

２　日々、現実の中で民主主義を創出

この運動は、新聞報道の在り方に疑問を抱き始めた少数のジャーナリストたちの足跡ともいえる。ゆっくり着実に迫り来るジャーナリズムの危機に際し、彼らは「現在の公共空間は、秩序を失い機能不全で空っぽで、市民の望む形とは遠くかけ離れている。ジャーナリストたちは公共に何を還元できるのだろうか？」「新聞は報道を通して何を生み出せるのだろうか？　どうしたらデモクラシー実現の手助けができるのか？」と自問自答し始めた。

当時、多くの市民はジャーナリズムの外に置かれ、政治に参加する機会も少なかった。民主主義への不満は彼らの活動の機動力となり、多くの市民を引きつけた。ジャーナリストたちもまた、自分たちの仕事に不満を抱いていた。市民から遠く離れ、ある種の専門家として祭り上げられた位置に居心地の悪さを感じていた。

その結果、ジャーナリストたちは、民主主義とジャーナリズムを別の視点で見直そうと考えた。ジャーナリズムとは、日々、現実の中で民主主義を創出するとともにそれを記録することだと思い始めたのだ。

ローゼンによれば、一九九三年秋までにこの運動は具体的な形をとるようになった。こうして「パブリック・ジャーナリズム」という名前が生まれた。中には「シビック・ジャーナリズム」や「コミュニティ・ジャーナリズム」という表現を好む人もいたが、共通しているのは新聞を再構築し、より健全で公共的な言論を作ろうという点だった。

「パブリック・ジャーナリズム」は次第にアメリカの新聞社の中で地位を確立するようになり、ジャーナリストたちの間で議論が交わされるようになった。この言葉が市民権を得ると、多くの新聞社が興味を示すようになった。

こうした中で、ジャーナリストたちに抵抗感が強かったのは、「市民のためのアジェンダ（課題）」を用意するという「パブリック・ジャーナリズム」の概念だった。というのも多くのジャーナリストたちは、自分を「観察者」と見なしており、自分たちの職務は真実を伝えることであって、新たな真実を創ることではないと考えていたからだ。

報道憲章がジャーナリストに求めるのは参加ではなく、超然とした「客観的」態度だというのだ。客観主義に徹し、あらゆる問題の監視役を任じ、事実をあるがままに記述することが求められていると多くのジャーナリストたちは信じて疑わなかった。

3　政治、社会への市民参加を促進

「パブリック・ジャーナリズム」の基本は、市民生活を通して政治やジャーナリズムを改革することであり、米国市民を「公共」という一つのコミュニティに結びつけることだ。市民が自主的に活動に参加し、政治討論に耳を傾け、市民としてのスキルを磨き、声を上げることができていたならば、民主主義はもっと確かなものになっていたはずだ。

ジャーナリズムは政治や社会への市民参加を促し手助けすることで、市民の信頼を回復することができたのではないか。もしジャーナリストが超然とした「客観的」態度を捨てて、市民に議論の場を提供し、市民活動を支援することができたとしたら、さまざまな問題解決の手助けをすることで民主主義を強化することができたのではないか？

ローゼンにとって、「パブリック・ジャーナリズム」は進行中の哲学であり、自ら建設的哲学者たらんとするジャーナリストたちとともに実験を繰り返し、つくり上げてきたものだった。

ただ、この言葉がやたらと使われるようになり、さまざまな混乱が生じた。

たとえば「パブリック・ジャーナリズムはただの広報活動なのか、それとも市民に発言の機会を与える公共的なものなのか?」「自分たちの利益のために活動をしているのか、それとも市民に自らの利益のために立ち上がるよう呼びかけているの?」といった疑問が噴出した。極めつけは「パブリック・ジャーナリズムは成功したのか、もしそうならどのように成功を評価できるのか?」といった問題も出てきた。

ローゼンはその答えを市民活動の中に求めた。市民が積極的に参加している時、ジャーナリストは一歩下がって見守ればいい。市民が自分たちの意見を語ることのできる場所で、彼らの声に耳を傾けることが大切だ。ただし、「市民」を絶対視してはいけないと言い添える。市民は絶対に間違いを犯さない神聖な存在ではないからだ。

「パブリック・ジャーナリズム」はそれぞれのコミュニティに合わせて活用されるべきであり、ジャーナリストは謙虚な姿勢でコミュニティとプロジェクトを見比べ、市民に参考意見を求める必要がある。それには時間がかかる。「世代や文化を越えた変化」を要することもある。

4　アジェンダを模索する新聞

「パブリック・ジャーナリズム」が生まれた一九八九年ごろ、このアイデアに賛同した編集者たちが自分の新聞で実験を開始した。一方、研究者や学者も「公共の本質」と「公共領域」について再び議論を交わしはじめた。それ以前にはあまりつながりのなかったジャーナリストと研究者が「パブリック・ジャーナリズム」というコンセプトの元で一つになる可能性が出てきた。

同時に、健全な民主主義への貢献を考えていたジャーナリストたちは、新聞の生き残りのため自分たちの技術をどう使うか考え始めた。ローゼンは、「デモクラシーが実践されるには何が必要で、新聞はそれに対して何を求められているのか？　という興味深い議題が提示された」と指摘している。

一九九〇年、コロンビア大学でジャーナリストと社会学者のセミナーが開かれ、ローゼンも参加した。テーマは有権者の政治離れや投票率の低下などで一〇人ほどのジャーナリストと学者が議論するはずだった。しかし、ジャーナリストに発言の機会は回ってこなかった。研究者たちは、世論調査の結果を元に統計学の知識を披露した。セミナーはアカデミックな雰囲気に支配され、ジャーナリストは黙りこまざるをえなかった。

ローゼンは、経験豊かなジャーナリストたちを黙りこませた研究者に腹を立てた。毎日記事を書き、地元コミュニティを熟知し、政治の荒廃や堕落に常に接しているジャーナリストから何も学ぼうとしなかったからだ。

セミナーで学者とジャーナリストは何も共有することができなかった。これを契機にローゼンは、ジャーナリストと学者との協働を模索しはじめる。同じころ、ケタリング財団主催のジャーナリスト、研究者の円卓会議に参加する。この会議でローゼンは、ニューヨーク・タイムズ紙の主席編集長のデビッド・ジョーンズ、ペンシルバニアのビーバー・カウンティ・タイムス紙のデニス・ディブル、ウィチタ・イーグル紙のデービス・メリットなど全米の名だたるジャーナリストと知り合いになった。

ローゼンと初めて顔を合わせたこの会議で、メリットはウィチタ・イーグル紙を「アジェンダ（解決すべき課題）を模索する新聞だ」と明言したうえ、「われわれは、もし新聞が読者とコミュニティのつながりを明らかにし、どうしたら市民がコミュニティに参加できるのかを提示すれば、ジャーナリストにとってのアジェンダを発見できると思う。われわれジャーナリストは市民参加の鍵を握る物事に、伝統的に無関心だった。われわれはもっと興味を持たなければならない」と語った。

5　社会実験を始めたジャーナリストたち

一九九二年、ローゼンとケタリング財団は「公的生活と新聞プロジェクト」設立に向けて動き出した。このプロジェクトは「パブリック・ジャーナリズム」のコンセプトを「公の場」に出すためジャーナリスト向けセミナーを開き、実験的調査を実施し、公共的なジャーナリズムへ方向転換するための哲学構築などをめざした。ナイト財団から資金提供を受け、デモクラシー、市民、公共生活などをテーマに研究を続ける学術関係者や評論家なども参加した。

一九八九年はベルリンの壁が崩壊し、東ヨーロッパの民主化、天安門事件など激動の時代だった。ローゼンは「アメリカの歴史に触発された民主化の動きが世界各国に広がった年」と書く一方、「デモクラシーが世界中で勝利する中、母国アメリカではデモクラシーが衰退の一途をたどっている」と指摘している。

これほどまでに商業化が進み、政治がイメージ操作によって支配され、情報過多に象徴される現代社会で、「デモクラシーの要求から生まれるはずの『世論』は一体どうなってしまったのだろうか？」とローゼンは自問する。

ハーバーマスの公共領域理論、ジェームス・カーリーやジョン・デューイら社会学者が提唱した「公共」の概念から、新聞の公共的義務について新たな道が見えてきた。ワシントン・ポストのデビット・ブローダーのように、閉塞した政治システムの中で自らの役割を問いかけるジャーナリストやメリットのように実践の場で社会実験を始めたジャーナリストもいた。

そしてバッテンらの現場の声と、デューイやカーリーの理論、さらにメリットとの対話の中で、一つのアイデアが生まれた。実際の議論の結果として生まれ、現場の声を反映し、プロセスを公開し、できうる限り多くの場で公表するための言論というアイデアだ。

さらにアイデアを発展させる過程で新たな方法論が生まれた。アイデアを共有する場をいくつも設け、より多くの人たちに発言させることで、その人たちが実際に語り、行動するものになっていくという手法だ。

一九九三年、ローゼンとメリットは「マニフェスト」を発表する。「パブリック」という形容詞には、「開かれた」「アクセス可能な」「共通した」「全てに関係のある」という意味が込められた。

それは、公共生活とジャーナリズムは危機に瀕している▽ジャーナリズムと市民の乖離、アメリカの有権者と有権者に共通した仕事（政治への参加）の乖離が浮き彫りになってきた▽今こそ報道という技術と公共利益が直面する問題に取り組むべき時だ▽一部のジャーナリストたちは既に行動を起こしており、彼らの言論や活動から学ぶことは多い▽あなたもこの活動に参加できるし、それこそが「パブリック・ジャーナリズム」を進展させる唯一の方法だ――という内容のものだ。

このアイデアが多くの人に共有されるにつれ、その利益も拡大した。人々に行動を呼びかけ、新聞の危機を訴え、改革についての議論や対話を呼びかけた。ジャーナリスト向けの非営利教育機関「ポインター研究所」が「パブリック・ジャーナリズム」をアジェンダに取り上げた。ケタリング財団なども運動に参加し、助成金設立にもつながった。

6　ジャーナリズムの「伝統」との決別

米国の新聞が危機に瀕している時、経験豊かなジャーナリストたちがジャーナリズムについてのこれまでの固定観念を取り払い、「ジャーナリズムとは何か？」について真剣に考えはじめた。今まで経験したことのない新しい領域に足を踏み入れたのだ。彼ら実践者は新聞の生き残りをかけ、理論を実践に当てはめるのではなく、まず行動を起こした。

「パブリック・ジャーナリズム」のプロジェクトや社会実験を後押ししていたのは、市民社会の実現をめざすアイデアだった。そういったアイデアはトップ・ダウンで上から降ってくるものではなく、現場に埋め込まれたいわば土着のものだった。ローゼンは、アイデアを現場から掘り起こし実践することが大切だという。理論を実践するのではなく、実際の経験を理論に応用するのが、「パブリック・ジャーナリズム」の本質だというのだ。

ローゼンが事例その一として取り上げているのは、オハイオ州デイトンのデイリー・ニュース紙が報じた工業施設の閉鎖問題だった。一九九四年、デイトン市は核兵器開発施設と国防総省供給施設の閉鎖問題に直面していた。デイトン・デイリー・ニュース紙のエディター、マックス・ジェニングスは四四五〇人が職を失うこの事態をどう報道するか、選択を迫られていた。

一つのやり方は、閉鎖について報道し、もし反応があるならば地元リーダーのコメントを掲載する。もう一つの方法は、デイトン・デイリー・ニュース紙が主導して、今後どうすべきかの対話を実現させることだ。

ジェニングスが選んだのは、対話の実現だった。この選択をすることにより、デイトン・デイリー・ニュース紙は通常の新聞の役割を越え、「パブリック・ジャーナリズム」の領域に一歩踏み出すことになる。彼は、工業施設閉鎖によって何人もの経験豊かな職工が失業し、先端技術が失われてしまうことに大きな危機感を抱いた。だからこそ新聞が「残された資源と労働力を施設閉鎖後どう有効利用するか」について市民との対話を実現すべきだと考えた。

同紙はまず核兵器開発施設の全容と可能な再編プランについて特集を組み、「地元コミュニティと全米に向け、施設再利用の可能性について出来る限り多くの情報を提供」することにした。それと同時にジェニングスは「討論の場」を設け、地元の人々に「大量破壊技術の平和的再利用」について考えてもらうことにした。地元リーダーたちに目前に迫った危機への意識を高めてもらうことが狙いだった。

「（施設の再利用という）問題が一筋縄でいかないことは、誰もが気付いていた。だが、エネルギー省はそれまで技術移転をした経験がなかった。施設の運用は機密事項だったし、安全保障への懸念が報道を規制していた」とジェニングスは語っている。取材の結果は一二ページの特集記事として掲載され、施設の概要とさらなる対話への参加が呼びかけられた。

施設立ち入りの前例はなかったが、同紙は建設的な報道をするため不可欠だと考え、経営責任者と政府職員を説得し、立ち入りを許可してもらった。写真、地図、意見記事、予想、将来の可能性についての綿密な記事によって同紙は対話のきっかけを提供した。「官僚や政治家、市民団体のリーダーたちが動くまでじっと待ち、それから取材をするのでは遅すぎた」とジェニングスは書いている。

この記事がきっかけとなり、施設関係者、経営者、投資家、政府関係者など多くの人々がこの問題に関心を持つようになった。同紙は同様の空軍基地閉鎖問題の報道で建築家の協力をあおぎ、コミュニティの意見を反映した四通りの再利用計画を掲載した。この「シビック・イマジネーション」（市民の想像力）プロジェクトはいくつもの可能性を読者に提示した。同紙のジャーナリストたちは、イニシアチブをとって市民の対話を手助けし、市民が協働して取り組めばいくつかの問題は解決可能であることを明らかにした。

同紙が求めていた市民同士の強いつながりの形成にも役立った。「パブリック・ジャーナリズム」は、市民を新聞と、市民のコミュニティと、そして政治プロセスそのものと、再度結びつけることを目標にしていた。ジェニングスは従来のジャーナリズムの伝統との決別を宣言している。「ジャーナリストはもはや孤立できないし、するべきではない」

7　新聞はコミュニティの構成員

事例その二は、オハイオ州のビーコン・ジャーナル紙の「人種と対話」だ。一九九二年五月、ロサンゼルスで白人警官による黒人への暴行事件が起きた。このロドニー・キング事件は、全米各地に暴動と混乱の嵐を巻き起こした。

マスコミ各紙は何が起こったかを報道し、ロス暴動、ロドニー・キング事件の審理の行方やその背後にある人種問題などに焦点を当てて取材した。しかし騒ぎが収まると、事件への関心は薄れ、メディアは大統領選など次の話題へと関心を移していった。

オハイオ州アクロンのビーコン・ジャーナル紙だけは違った。同紙のジャーナリストたちは事件を風化させない決断をした。彼らは一年間におよぶ長期の取材を敢行し、同紙が配布されている五つの郡における黒人と白人の対立について詳細な調査報道を行った。

人種間の経済・社会格差を表す統計学的分析、黒人と白人の問題意識の違いを示した綿密な世論調査の結果やグループ討論の様子などを「人種とは？」と題する特集記事で報じた。追加取材も行い、住民に自分たちの生活とアクロン地域の人種問題が与える影響について詳しく聞いたインタビュー記事を掲載した。

同紙の特集記事は白人と黒人が全く別の世界に住んでいることを明らかにした。地元の白人住民の多くが抱いていた「アクロンに人種問題は存在しない」という考えに真っ向から反するものだった。意識調査の結果、二つの人種は住宅問題や経済環境、学校教育から警察にいたるさまざまなトピックについて、まったく違った見方をしているということだった。

同紙はこう結論づけている。「取材の結果は明らかである。アクロン中央地域に住む黒人と白人は、肌の色で分かれているだけでなく、現実に対する考え方でも対立している。そしてどこで現実が終わり、どこで人々の考え方が始まるのか、その境界を見つけるのは困難である」

ここまでは米国の伝統的なジャーナリズムのやり方を踏襲していたといっていい。人種問題について住民の声を聞く機会を提供し、より広いものの見方を可能にすべく、追加情報や分析を掲載した。正確な情報、広範囲に渡る一般市民の声、専門家やリーダーたちの視点、そして問題の困難さから目をそらすことなく、しっかりとした結論を導き出した。

しかし、取材が進むにつれ、同紙のジャーナリストたちは単に人種間に横たわる溝と不信感という厳しい現実を報道するだけでは飽き足らなくなった。一九九三年五月から同紙は「参加我々に何ができるだろうか？」と題したプロジェクトを開始した。市民団体、宗教団体、学校関係者を招き、人種問題解決のためにできるいくつかのプロジェクトを提案した。

ジョン・ドットソン社主とデール・アレン編集者は一面のコラム記事に連名で「われわれは起こった事件を報道するだけで終わりたくない。異なる人種同士が協働し、同じ目的に向かって活動してほしい」という宣言を掲載した。同紙は人々をつなぐ「メディア（媒体）」として、同じ考えを持つ市民が互いに出会えるよう手助けし、議論の場を設けた。

市民同士のつながりを調整するため、ドットソンは黒人の元聖職者と白人の元小学校校長をコミュニティ・ファシリテーターとして雇った。この活動はその後、「一緒に集まろう」というプロジェクトに発展した。一九九五年八月にはＮＰＯ法人の認可を受け、翌九六年五月からは人種問題についてのラジオ番組を毎週放送するようになった。こうした努力が認められ、同紙はピュリツァー賞の「公共サービス部門賞」を受賞している。

同紙はさらに新聞社内部の人種問題にも目を向けた。同紙は次のような真摯な問いを発している。「市民に人種についての議論を求めるなら、どうして新聞も同じことをしないのだろうか？　結局のところ、人種の壁は他の職場同様、編集室にも存在する。市民に疑問を投げかけておいてジャーナリストだけ安全なところにいていいのだろうか？」

同紙はジャーナリストたちに最近二カ月の記事に基づき、人種について同紙がどんなバイアスをもっているのかを議論させた。討論はその後、記事として掲載され、ジャーナリストたちも読者と同じ問題に直面していたことが明らかになった。

記事には、職場における「えこひいき」についての不満、メディアが人種対立をより深刻にしているという自己批判、ステレオタイプの蔓延など、ジャーナリストたちの意見が率直に記載された。同紙のジャーナリストたちは「われわれは（読者より）優秀ではない。むしろ悪いくらいだ」というメッセージを市民に発することで、新聞はコミュニティの構成員であり、記録者や審判ではないと改めて宣言した。

8　読者との関係を変えた「パブリック・ジャーナリズム」

「パブリック・ジャーナリズム」が取り上げるべきなのは「市民のアジェンダ（課題）」だ、そのためにはジャーナリストをコミュニティに連れ出すことが必要だと考えられた。

「われわれが新聞に求めるのは、この地域の若者が将来の可能性を信じられるような記事だ。

スポーツ選手かドラッグの売人か犯罪者、将来の選択肢がそれだけだと思っている若者に、もっと他の生き方があると伝えてくれる新聞が必要だ」。ワシントン州ブレマートンのサン紙のマイク・フィリップは黒人コミュニティへの取材の中でこう気付いた。

ジャーナリストに欠けているのは、特定のコミュニティがどんな「公共福祉」を必要としているのかという知識だと彼は悟った。「この業界にいるためには自信過剰なくらいプライドが必要だ。自分たちの仕事はコミュニティとの協働でやらなければならないと認めるまでには、かなりの時間がかかった」と語る。

米国のジャーナリストたちの間には、「公共生活は戦場だ」という言葉が蔓延しており、このメッセージを疑問に思うジャーナリストは少ないという。だが、このメッセージはジャーナリストのために作られたものだ。「パブリック・ジャーナリズム」はまったく違った青写真を提示している。

その実践者でバージニア州ノフォークで発行されているバージニアン・パイロット紙のカレン・ウェイントローブは、自分なりのやり方で「パブリック・ジャーナリズム」を解釈し、日々の取材の中で実践することにしている。彼女は自らの実践をこう振り返る。

「パブリック・ジャーナリズムは私にとって読者との関係を大きく変えた。私は記事を書くとき、市民を意地悪な政治家にバカにされている人々と見るのではなく、プロセスへの積極的な参加者として描くようになった。こうしたスタンスで取材をするようになり、これまでいかに自分が市民を自分の権利のために立ち上がる行動者としてではなく、無力な被害者として扱ってきたのかがはっきり分かった」

9　デモクラシーを機能させる役割

ローゼンによれば、「パブリック・ジャーナリズム」の実践には、議論、実験、運動、対話、冒険という五つの形態があった。さらにこれら五つに含まれない形態も存在した。一九九五年、バージニアン・パイロット紙のコール・キャンベルはメリットの言葉に刺激を受けた。「メリットは充実したコミュニティとは、住民が出来事について詳細な知識を持ち、さらにその責任を負うものだと語った」

キャンベルを含むパイロット紙の記者たちは、この見方に衝撃を受けた。その言葉が自分たちにとってどういう意味を持つのかを考え、変革を求める論調が巻き起こった。セミナーや週末の合宿、現地取材や討論会、さまざまな対話を通して、「パブリック・ジャーナリズム」は「学びの場」となった。

伝統的にジャーナリストは社会に対して「観察者」の立場を取り、社会やコミュニティへのコミットメントを避けてきた。だが、市民社会や市民活動への関わりを拒否するということは、市民の議論が間違った方向に向かってもそれを止めることは出来ない。「パブリック・ジャーナリズム」はジャーナリストたちがコミットしうる公共活動の幅を広げる一方、党派主義や政党、特定利益団体からは距離を保つことを目標にしてきた。

米国の新聞はニューヨーク・タイムズ紙やワシントン・ポスト紙など大手新聞の影響を強く受けてきた。政治の中心は言論の中心でもあり、地方メディアは常に中央の動向に左右されてきた。「パブリック・ジャーナリズム」は米国メディア界に根付いていたヒエラルキーを破壊する運動でもあった。

「パブリック・ジャーナリズム」は、ジャーナリズムと、広範な市民活動との協働も模索し、全米各地で広まったコミュニティ再生運動と強く結びついた。ジャーナリストたちの実験と市民活動家の草の根運動は、政治と市民生活を改善するという目的を共有している。市民活動の現場では誰もが「デモクラシーを機能させるにはどうしたらよいか」を考え活動していた。さらに、その議論に「ジャーナリストの役割は何か」という問いかけをも付け加えた。

10　市民とともに立つジャーナリズム

ジャーナリズムには想像力が必要なのだとローゼンは言う。ジャーナリズムを必要としているのは、アメリカ合衆国憲法ではなく、社会のあり方だからだ。公共におけるジャーナリズムの役割を決めているのは、ジャーナリズムの原則ではなく、複雑さを増すわれわれの社会の方だ。良いジャーナリズムとはそれ自体で存在するのではなく、われわれとジャーナリストとの関係性の中から生まれてくるものだという考えだ。

ジャーナリストは世界についての情報を伝えるだけでなく、世界を支える仕組みづくりにも一役買っている。ジャーナリストが信憑性の高い情報を伝えれば、社会全体もその問題を公共のものとして扱う。ただ市民も自らの役割を果たす必要がある。デモクラシーとは、市民が公共の問題を自分の問題としてとらえることを意味するからだ。

ジャーナリストが自らを情報の提供者と見るのをやめた時、ジャーナリストはより公共的な役割を果たせるようになる。「パブリック・ジャーナリズム」は、ジャーナリストたちがニュースと評論をより広い意味で理解し、公共社会を実現するために必要な哲学だというのがローゼンの主張だ。

ジャーナリズムには、読者が直接見聞きできない事柄を代わりに監視する役割がある。政治や政治家の腐敗、偽善、官僚の失態などを監視するだけでなく、市民の手の届かない公共世界を監視し報告することもそうだ。市民が声を上げ、活動に参加できるベースをつくることも求められている。ジャーナリストの役割は市民生活から乖離しないよう公共領域を監視することだとローゼンは考えた。

ジャーナリストは、政治的コミュニティの内側に立つべきだ。市民とともに立ち、手を差し伸べ、しかも時には市民にとって都合の悪い真実を伝えるということも必要だ。ジャーナリストは、言論の自由、正直で率直な政治、人々の知る権利のために戦っている。市民が知る権利だけでなく、どのように知識を得るかという方法を知らなければ、さらに社会や政治に参加するチャンスがなければ、ジャーナリスト活動には意味がないとも語っている。

現在、ジャーナリストに求められているものは、デモクラシーと市民生活が次第にかげりを見せている現実を生き生きと描くことであり、そのための想像力を養うことだ。最後にローゼンはこう指摘する。「もしアメリカのジャーナリズムが将来の展望を放棄したら、彼ら自身の運命もまた近い将来、暗闇に落ちていくだろう」

第3部　調査報道を実践する

第1章 「被曝労働者は捨て駒」〜報道写真家・樋口健二さん

1 「市民の視点」に立った調査報道

東電福島第一原発事故後、原発労働者を四〇年近く撮り続けてきたフォトジャーナリスト樋口健二さん（75）の写真が脚光を浴びている。二〇一一年夏、樋口さんの写真集『原発崩壊』（合同出版）が出版されたのを契機に、樋口さんが住む東京都国分寺市に「脱原発社会をめざす国分寺市民の会」（代表は汐見稔幸・白梅学園大学長）が結成された。二〇一二年五月には「樋口健二報道写真集成　日本列島一九六六—二〇一二」（こぶし書房）が出版され、四日市公害、諫早湾干拓、水俣病など日本列島の環境破壊問題に取り組んできた樋口さんのジャーナリスト活動の全貌を知ることができるようになった。

樋口さんは、一九七四年に国内初の原発被曝訴訟を大阪地裁に起こした岩佐嘉寿幸さん（故人）と出会い、原発で働く被曝労働者を撮り始めた。以来、電力会社の下請け、孫請けして働く労働者を取材し続け、被曝労働の過酷な実態を撮り続けてきた。一九七七年には、報道カメラマンとして初めて、定期検査中の敦賀原発内に入り込み、床やパイプに付着した放射能を雑巾でふき取る防護服姿の労働者の撮影に成功した。

世界的スクープといわれるこの写真は、樋口さんが一九七三年から撮り続けてきた過去の写真や福島第一原発事故関連の写真とともに「原発崩壊」の中に収められている。国分寺市民の会では二〇一二年三月二七日から四月一日まで、同市東元町のカフェスローギャラリーで、「原発崩壊」写真展を開催した。

四〇年近い樋口さんのジャーナリスト活動は国内外で高い評価を受け、二〇一一年一二月、市民が選ぶ日本版ピュリツァー賞と称される「平和・協同ジャーナリスト基金（ＰＣＪＦ）」の第一七回大賞に選ばれた。

同賞の受賞式で樋口さんは「この写真集は、ボロ雑巾のように捨てられた被曝労働者たちの鎮魂の書だ。原発をやめて、あるべき本当の日本をつくるべきだ」と述べた。長年、「売れないカメラマン」を信条に、粘り強く被曝労働者を追いかけてきた樋口さんのジャーナリスト活動は、市民、生活者、労働者の視点に立った本物の「調査報道」といえる。

筆者は、写真展開催と平和・協同ジャーナリスト基金大賞受賞の記事を東京新聞メトロポリタン面で掲載した。樋口さんは、持ち前の粘り強さと突撃スタイルで困難な取材や写真撮影をたびたび成功させてきた。樋口さんの「調査報道」を理解するため、二〇一一年一〇月一五日に樋口さん宅で行ったインタビューの内容（樋口さん談）を記録しておきたい。

２　大本営発表を突き破る取材

「３・11」以降、しばらくはどの新聞を広げても東電と政府の発表がそのまま紙面に載っているだけでした。事故現場に誰も近づけないし、労働者らからも話が聞けないので、結局、東電幹部と政府の人間の言ってることを信じて書くしかなかったのだろう。これでは戦中の「大本営発表」と同じじゃないかと驚きました。そこで直接労働者に話を聞かなければならんと思い、原発事故現場で働いている労働者の前線基地になったサッカー・トレーニングセンターの「Ｊヴィレッジ」（福島県楢葉町）へ向かったのですが、どのルートもすべて警察官によってシャットアウトされており、近づくことさえできませんでした。

福島第一原発事故現場には一日平均三〇〇〇人の労働者が入っており、Ｊヴィレッジは労働者たちが寝泊まりする前線・中継基地として使われていました。彼らは、高い放射線量を浴び、疲れと倦怠感からぐったりしているに違いありません。どうしても直接、自己現場の様子を知りたいと思って突入を試みましたが、警備があまりにも厳しくて断念しました。

仕方がないので、今度は福島県双葉町民が避難している「さいたまスーパーアリーナ」（さいたま市）へ行き、被災者家族の写真を撮りました。ここでは大手マスコミの自粛によって「館内での撮影禁止」を申し合わせていました。確かに大量のカメラマンが入ってバシャバシャ写真を撮れば迷惑でしょう。でも写真家には写真撮影のマナーがある。ちゃんと避難家族らと時間をかけて話をし、納得してもらった上で写真を撮ることが大切なんです。

マスコミの記者にはそれができません。締め切りに間に合わせるために大量の記者が大挙して押し寄せ、短時間でバシャバシャ撮影しようとする。被災者らが怒るのも当然です。そうしたマスコミ記者の取材方法を改めずに、当局の要請に安易に応じてしまうのは問題だ。取材者として自殺行為ではないですか。被災者側だってさまざまな痛みや苦しみを抱えており、それを多くの人に知ってもらいたいはずだ。人間として礼儀を尽くした取材を心掛ければ写真撮影だって納得してもらえるものなんです。

そこでカメラマンらしくない姿で帽子をかぶり、館内に入りました。被災家族とじっくり懇談し、写真を撮らせてもらいました（筆者註：樋口氏が撮影した写真は、二〇一一年一〇月二九日の東京新聞「メトロポリタン面」に掲載された）。真実に迫るのが取材記者の務めです。結局、マスコミ側による自己規制は当局や警察にとって管理しやすい社会をつくるのに貢献しているのではないですか。

３　被曝労働者を撮ってやろう

私が原発労働者の写真を撮り始めたのは、一九七四年に国内初の原発被曝訴訟を大阪地裁に起こした岩佐嘉寿幸さん（故人）との出会いがきっかけでした。岩佐さんは一九七一年五月、日本原電敦賀発電所（福井県敦賀市）で下請け労働者として海中パイプに穴をあける作業に当たった。原発内のパイプを外に出しておく約束が違っていたので帰ろうとすると、「ほかの労働者も炉内で働いているから大丈夫だ。工期が遅れるのでやってくれ」と言われ、線量計も持たずに中に入ったそうです。

それから八日目の朝、高熱とだるさに見舞われ、右ひざが痛み、関節部の内側が直径八センチほど赤黒くはれ上がっていた。病院で診てもらったが悪化するばかりで仕事もできなくなった。

最後に大阪大学病院皮膚科にかかると、一九七四年に「放射性皮膚炎」の診断が下った。国会でも問題になったのですが、政府と日本原電は「被曝の事実なし」と政治判断を下した。それで岩佐さんは同年四月一五日、大阪地裁に損害賠償請求訴訟を起こすんですね。

私にとって、被曝の原点は岩佐さんです。七四年に初めて岩佐さんの家に行きました。岩佐さんは猛烈に怒っていて、最初、家に入れてくれなかった。「なんだ、オメーは朝日か！」って怒鳴られてね。

実は岩佐さんの提訴を受け、朝日新聞の「みんなの科学」欄に「初の原子炉被爆訴訟　ナゾだらけの皮膚炎」という記事が載った。当時、朝日新聞科学部にいた大熊由紀子という女性記者が書いた記事です。岩佐さんが訴訟で主張した「放射線被曝」を否定する内容の記事でした。

大熊は科学技術庁を担当していた「記者クラブ詰め」の記者でした。岩佐さんに会うことさえせず、国側にだけ取材して、一方的に放射線障害を否定する記事を書いたわけです。

（筆者注：原発推進派ジャーナリストといわれる大熊は「原子力に対する不安よりもエネルギー不足の不安の方が大きい」と主張し、「３・11」後も「原発の必要性」を力説している。二〇一二年一月一八日の朝日新聞夕刊の連載「原発とメディア」によると、連載の筆者が大熊に「考えにかわりはありませんか」と質問すると、大熊は「かわりません。エネルギーがあるから人工呼吸器も動く。エネルギーが乏しければ必ず弱者にしわ寄せがいきます」と答えている）

岩佐さんは朝日新聞に猛烈に腹を立てていた。岩佐さんは最初、私も朝日新聞と同じに見えたんでしょう。私にとって大熊由紀子は「反面教師」になった。東大を出て朝日新聞に入った優秀な科学記者がこんな記事を書いている。これでは真実を報道することなんかできるわけがない。これで私の腹が決まった。「よし、オレがやってやろうじゃないか、力も金も頭もないけれどやれるところまでやってやろう」ってね。

それで一から放射能の勉強を始めることにしました。最初、岩佐さんに「おまえ、一〇〇ミリレムってわかるか?」と聞かれた。「わからない」と答えると思いっきりバカにされた。岩佐さんから「大阪大学の助手の岡村日出夫に会いに行って来い」と言われたので、阪大に行き、「先生、放射科学について教えてください」とお願いした。岩佐さんに会わなかったら、被曝労働者を追いかける今の仕事はやっていなかったでしょう。

岩佐さんの裁判は一九八〇年に大阪地裁で棄却されました。その後、高裁も最高裁も棄却でした。この裁判への支援者は全国で百数十人しかいなかった。マスコミからも無視された。これでは裁判は勝てません。

4 「なんて汚い社会なんだ」と涙

次に出会った被曝労働者は滋賀県木之本町の村居国雄さんです。村居さんは大阪万博の年の一九七〇年三月、「夢の原子力」といわれて運転開始した敦賀原発の下請け労働者として働いた方です。日当二〇〇〇円の時代に、その倍の四〇〇〇円の仕事があるといわれて、近所から一〇人以上の仲間と一緒に働きに行ったのですが、原子炉内の二重扉（エアロック）を見て怖くなり、村居さんを除いて皆やめてしまったそうです。

村居さんは定期検査中の七四年一〇月から一一月にかけて二〇日あまり、放射能の除染作業をやった。一一月一三日、下請け会社の指示でポケット線量計だけ持って床の拭き掃除をして、昼休みに外へ出ると被曝線量が「二〇〇ミリレム」を超えていた。

大騒ぎになって救急車で敦賀市内の病院に運ばれ検査したが、「異常なし」といわれた。ところが翌年三月になって高熱とだるさが一カ月異常も続き、歯や髪の毛が抜け落ち働けなくなった。村居さんは岩佐さんと共闘して裁判を起こそうとしたがだめだった。

ちょうどそのころ、岩佐さんから「奥さんが金で丸めこまれて裁判をつぶされたヤツがいる」と村居さんの話を聞いたんです。それですぐ村居さんの所へ駆けつけました。村居さんは働けなくなったので、わずかな田畑と家を手放し、奥さんと子供三人と借家に住んでいました。収入は奥さんの内職だけだった。「岩佐さんと阪大の岡村さんからの紹介で来ました。取材させていただきたい」と言うと家の中に入れてくれました。

最初はお金の話はせずに、二、三度、家に行く、とやっと信用してくれたのか、押し入れの上の方から書類を取り出し見せてくれた。部落解放同盟の名前が入った示談書でした。村居さんは六〇〇万円受け取り、示談書を破棄するように言われたが、「何かの役に立つかもしれない」と残しておいた。「村居さん、これを使ってもいいか？」と聞くと、「真実だから使っていいよ」と言ってくれました。

実は、村居さんが留守のときに電力会社の人間が家にやって来て、奥さんに「大阪で裁判をやっている人がいるが、裁判は長くなるよ。あんたどうするんだ！　お金の方がいいだろう！」と恫喝したんだそうです。

奥さんがお金を受け取った話を聞いたとき、村居さんは奥さんをかばうしかなかった。奥さんは生活に疲れきってボロボロになっていたんです。「女房がかわいそうだ」。私にそう言ってましたよ。「なんて汚い社会なんだ！」と涙がこぼれてしょうがなかった。

ほかにも金で裁判を潰された労働者はいたようです。暴力団が連日電話をかけてきて脅され、奥さんがノイローゼになった人もいました。村居さんがずいぶん後で話してくれたことがあります。「樋口さん、あれからいろいろ話を聞いていると、皆、三〇〇〇万円とか四〇〇〇万円とかもらって黙らされたらしい。おれはたったの六〇〇万円だった。だからこうやって悲しみを表に出せたんだね」って。

5　「ロバート・キャパ展」で写真家を志望

私は長野県の農家のせがれです。それが川崎の工場に働きに出て三年間働きました。ところが、ある日、友人に銀座のデパートでやってる写真展に行こうと誘われた。実はそれまで写真にはあまり興味がなかったんですが、行くことにした。戦場カメラマンとして世界的に有名なロバート・キャパの写真展です。

会場はたくさんの人でごった返していました。観覧者の肩越しに一枚の大きな写真が目に飛び込んで来た。ちょっとピンぼけの「ノルマンディー上陸作戦」の写真です。「凄い男がいたんだ。カメラでこんなことができるのか！」。ひとことで言うと「身が震えるような感動」を覚えました。即座に「写真で生きて行こう」って決めました。たくさんの人を釘付けにする作品を撮る写真家になろうと。

会社を辞めて東京総合写真専門学校に入り、二年間写真を勉強した。長野の田舎に帰ると親が「気でも狂ったか」という顔をして呆れていました。学校を出て最初に撮ったのが農民や労働者の写真でした。当時はドキュメント写真の時代でした。「日本の社会の底辺を見てやろう」。そんな気概に燃えていました。

一九六六年七月、ある新聞記事が目にとまった。四日市公害で喘息にかかり、苦しんでいた老人が自殺したというベタ記事でした。「これだ！」と雷にうたれたように四日市へ走った。第一コンビナートの近くの病院に駆け込み、空気清浄室で治療を受けている患者に会いました。翌六七年には患者らが立ち上がり、損害賠償請求訴訟を起こした。「これをやりきれなければ、写真家としてやっていけない」。そんな思いに突き動かされるように、患者の写真にのめり込みました。

四日市公害の写真展「白い霧とのたたかい」は、六九年に東京、大阪、四日市で巡回展として開催されました。七二年に写真集「四日市」を出しましたが、これは国連主催の世界環境写真コンテストのプロ部門で入賞しました。

次に取り組んだのが原発です。国の政策との大げんかです。七三年に新潟県の柏崎であった柏崎原発反対闘争の住民集会に出かけると、東海村で臀部に火傷を負った労働者がいた。原発は安全で、クリーンなエネルギーだ、資源のない日本では原発が必要だ、と言われていた時代です。でも被曝労働者の問題はそのうち必ず出てくるだろうと感じましたね。

先輩に聞くと「原発なんかやると仕事がなくなるからやめとけ」と言われました。「写真家を殺すにゃ刃物はいらん。仕事をなくせばいい」とも。当時は「フォーカス現象」といわれた時代です。皆、食える方へ行った。「なら食えなくていいや。おれがやってやるよ」と思った。へそ曲がりなんです。人がやってることはやりたくない、人が集まるところには行きたくない、そんな性格から、「売れない写真家」の道を選んだんです。この結果、岩佐さんや村居さんに会い、今日があるわけです。

6　定期検査中の敦賀原発で内部を撮影

それから三八年間、原発で働く下請け労働者を撮ってきました。その間、世間からもマスコミからも無視され、まったく相手にされなかった。それが福島第一原発事故後、突然、マスコミが殺到するようになった。まず女性週刊誌が来た。次に写真週刊誌が来て、新聞やテレビがワッとやってきた。海外メディアも来ました。狙いは、私が一九七七年に撮った敦賀原発の内部で働く労働者の写真です。

一九七四年に柏崎の反対集会に行ってから、福井県の敦賀原発の写真を撮りに行きました。といっても中には入れなかったので外から撮りました。原発を背景に海水浴を楽しむ親子なんかの写真もあります。ある意味、不気味な近未来的なイメージの写真ですね。今考えると、よくまああんなところで泳いでるなあと思いますが、あのころは皆、平気でしたね。

いつか原発の内部を撮りたいと機会を狙っていたんですが、敦賀原発が定期検査に入るという情報が入ってきた。もうこれは飛び込むしかないと、何のあてもなく敦賀原発の近くに宿を取りました。それで毎朝、正面ゲートに行き、インターホーン越しに「内部を撮らせてくれ」と頼んだんです。「変なのが来たな」と思ったでしょうね。一週間通ったけどまったく相手にされなかった。

ある日、あきらめ半分で「そんなに原発が安全だって言うんなら、安全対策を撮らせてくれ」と迫った。するとしばらく待たされた後、許可が下りた。「ホンマかいな?」って、こっちがびっくりしましたね。

撮影では、ちゃんと防護服に着替え、原子炉内部で使用するカメラも渡された。「指定された場所以外でシャッターを切らないように」と注意され、広報担当に従って中に入った。原発内部は薄暗く高温多湿で潜水艦の中みたいでした。パイプが林のように連なり、労働者たちが人海戦術で放射能の除染作業に当たっていました。

除染作業と言っても、雑巾を手に床やパイプに付着した放射能を拭きとってるんです。近代科学の最先端を行っている原発のことだから、除染もコンピューターの遠隔操作か何かでやってるものだと思い込んでいたので、前近代的な手作業を見て驚きました。そのうち、暗闇から突然、防護服に身を包んだ労働者が姿を現した。もう夢中でストロボを焚いてシャッターを押しました。ノーファインダーです。

広報担当が「そこは撮らないで！」と言いながら血相を変えて飛んできましたが、後の祭りです。「ごめん、ごめん」と適当に謝罪してその場をしのぎ、撮影を終えて宿に帰って現像してみたら、ストロボの光に驚いたような表情の労働者がきれいに映っていた。床にはいつくばって雑巾で放射能を除去している労働者の姿もあった。大成功でした。でもそのときはまだ私の写真が、報道関係者が「放射線管理区域内」で撮った労働者の唯一の写真になるとは夢にも思っていませんでした。

7　「脱原発」に向けて行動を

「3・11」後、この写真を貸してほしいと国内外の新聞、週刊誌、テレビが来た。ワシントン・ポスト紙は国際面で大きく取り上げてくれました。ギリシャの週刊誌にも掲載されました。原発内部の不気味さと労働の過酷さを写し撮った貴重な写真だと言われました。四〇年近く無視されてきたこの写真が突然、脚光を浴びたんです。世界的なスクープだなんて急に言われてもねぇ。私が死ぬまで、いや死んだ後も、こんなことが起きるとは想像さえしませんでした。

いずれにせよ、原発事故があろうがなかろうが、廃炉にしようがしまいが、被曝労働者は今後も増え続けるんです。炉心内部に出入りするのは下請けや孫請け、さらにその下の労働者だけです。彼らは人海戦術の捨て駒です。原発は弱者を犠牲にする差別構造の上に成り立っている。なのに政府は原発を海外に輸出して被曝労働者の悲劇を地球上に拡散しようとしている。福井県の大飯原発の再稼働まで認めてしまった。こんなことは絶対に許せません。

写真を撮ることは歴史を記録することです。社会の底辺の人たちの苦しみを記録し伝えるのが報道カメラマンの使命だと思っています。真実を闇に葬ることなく、しっかりと記録して白日の下に晒すこと。写真によって人々の共感を呼び起こし、一人でも多くの市民が「脱原発」に向けた行動をとるよう、これからも写真を撮り続けます。

第2章　「市民こそが市長である」〜ソウル市長の朴元淳さん

1　市民活動家からソウル市長へ

二〇一一年一〇月のソウル市長補選で、人権派の弁護士で市民活動家出身の朴元淳氏が初当選を果たした。「市民こそが市長である」という信条に基づき、市民の声を反映させた市政を遂行するリベラル派の朴市長は「脱原発」政策も前面に掲げ、原発政策を推進する保守派の李明博大統領に「アンチテーゼ」を突き付けている。

筆者は二〇〇二年から韓国NGOのリーダーだった朴氏を「東アジア市民社会のキーパーソン」として取材し、北陸中日新聞の紙面で何度か取り上げてきた。二〇一〇年に朴氏は二度来日し講演しているが、このときは東京新聞で紙面化した。筆者にとって東アジア市民社会の進展は、調査報道の大きなテーマの一つである。朴氏がソウル市長に就任した半年後の二〇一二年五月二一日、韓国のソウル市役所で、十数年来の知り合いである朴氏と面談し、日韓市民社会の現状、市民活動と政治の関係、「ポピュリズム」に迎合する日本の政治情勢などについて聞いた。

ソウル市長補選に出馬した際、朴氏は福祉予算の拡大を公約に掲げ、就職難や物価上昇に不満を抱く若い世代や無党派層の支持を集めた。選挙戦の中で朴氏は「市民こそが市長である」というスローガンを掲げた。

「市民こそが市長である」とは、あらゆる政策決定において市民の声を反映させるだけでなく、その政策決定のプロセスに市民が直接参加するシステムを作ろうというアイデアを表している。市民運動家の朴市長ならではスローガンだが、日本のメディアにはこの言葉の持つ意味までは報道されなかった。

当選後、朴氏は「市民こそが市長である」の信条を実践するため、伝統市場や学生街などを頻繁に訪れ、市民の声に直接耳を傾けるという「傾聴ツアー」を開始した。同時に、開催場所や時間をインターネットで告知し、さまざまなアジェンダ（課題）ごとに、市民の意見や発言を聞き、市民と討論する「聴策（政策聴取）ワークショップ」も始めた。

これまでに環境問題や大学生の住居問題、伝統市場の活性化問題などを課題としてワークショップが開かれ、市長だけでなく市の担当者らも市民意見交換し、市民の意見を政策として取りまとめてきた。

朴氏はソウル市長になる前、韓国ＮＧＯのスーパースターだった。二〇〇〇年の韓国総選挙では、市民団体「参与連帯」の事務所長として「腐敗・無能」国会議員の名簿を作成し、各党に公認撤回を求める「落薦・落選運動」を展開し、対象者の七割近くを落選させた。だが、落選運動の効果は数年で消えた。表面的に人が入れ替わっただけで、議員の質の向上につながらなかったからだ。

その後、朴氏はアドボカシー（政策提言）能力の必要性を痛感し、二〇〇六年に市民アジェンダを創出する政策シンクタンク「希望製作所」を設立し、収入の一％を市民団体に寄付する募金活動や個人の遺産を公共的目的に充当する「ウエルダイイング」、インターネットサイトを利用したＮＧＯ、ＮＰＯへの寄付ショッピングなど複数のプロジェクトを次々と生み出した。

一方、ＮＧＯ、ＮＰＯ支援のための「美しい財団」も設立、市民活動の拠点となるリサイクルショップ「美しい店」を全国一一〇店舗に拡大し、年間二〇〇億ウォンを超す売り上げを上げた。こうした市民活動が認められ、二〇〇六年にはアジアのノーベル賞といわれる「マグサイサイ賞」を受賞している。

朴市長はツイッターやインターネットテレビなどで二〇〜三〇代の有権者層から圧倒的な支持を得ている。弁護士出身であること、ＳＮＳを積極的に活用していることなど「大阪維新の会」の橋下徹・大阪市長と類似点がある。だが、人を言い負かすレトリックと「恫喝」が信条の橋下市長と、「市民こそが市長である」を信条とする朴市長とでは政治スタイルに大きな開きがある。

橋下市長にとって市職員は「抑え込み黙らせる対象」だが、朴市長にとっては「市長の大事なパートナー」だ。朴市長は「柔らかなリーダーシップこそが持続可能だ。強権発動は持続可能ではないし、何も生みださない」と橋下「独裁」市政を批判する。

２　市民の声を政策に反映するための努力

朴市長は就任以来、「傾聴ツアー」と「聴策ワークショップ」を実施しているが、ソウル市民の意見は市の政策にどのように反映されているのだろうか。

二〇一二年五月上旬、ソウル市はソウル大公園で行われていたイルカショーの全面中断を宣言した。それまで同公園ではトレーナーと一緒にフラフープを回したり、宙返りをするイルカのショーを有料で見ることができた。ところが、三月七日に「人為的なショーを中止しイルカを海へ返すように」という環境団体からの申し出を受け、朴市長は「イルカショーの存廃については市民の意見を聞いた上で決定する」との方針を明らかにした。

市が実施した世論調査では「継続」五二パーセント、「廃止」四〇パーセントという結果だった。「継続」の理由は「子供たちの情緒的な教育効果」「市民が気軽に楽しめる身近なショー」などで、「廃止」の理由は「限られた空間での調教は動物虐待」「イルカは絶滅危惧種であり自然生態系の中で保存されるべき」「商業目的による生命軽視」などだった。

四月に入ると、ソウル市庁舎で「市民討論会」が開かれ、イルカショーの存廃について討論されたが、「人間と動物が触れ合える環境だ」「動物ショーは加虐的で人間中心の考えだ」などと意見は二つに分かれた。

朴市長はさらにツイッターやフェイスブックなどSNSを活用した世論調査も実施したところ、「廃止」五六・八パーセントが、「継続」二三・二パーセントを大きく上回った。こうした調査結果を踏まえ、朴市長は従来の人為的なイルカショーを中止し、イルカが自由に泳いだりジャンプしたりする姿やイルカの習性に焦点を当てた無料の「生態説明会」に切り替えた。

また、二〇一二年二月、「都市を耕作しよう！」をテーマに開かれた「聴策ワークショップ」には、「ソウルにおける都市農業に関心を寄せる会」や草の根グループが出席し討論した。市民からは、農業団体による「都市農業支援センター」の設立や学校を都市農業教育に活用する教育システムが必要だとする提案が出された。

これを受けて朴市長は、農業の価値と農産物の重要性を高めるため「学校教育農場」の造成を約束した。事業費は一億二五〇〇万ウォン。まず、ソウル市内の小学校五九一校のうち二五校にテスト農場を造り、遊休スペース（約一六五平方メートル）に、農地型またはプランター型の形態で季節の作物を栽培する。

テスト農場の造成が終了した後、効果分析を行い、「教育農場」を希望する学校別に拡大実施する計画。ソウル市の主管で事業を推進し、ソウル市教育長が学校選定と農場運営、農業技術センターが営農技術支援に当たる。

市長執務室の壁には、黄色や青、ピンク、赤のポストイットが無数に張られている。すべて市民から寄せられた市長へのお願いだ。

「若者に働く機会をください」「学校暴力問題解消」「正規職、非正規職という違う道を作り上げたこの社会から、臨時職、高齢労働者など、差別のないソウルを創っていきましょう」「南大門復元工事にセメントを使っちゃダメですよ！」「精神保健に関する持続的な関心をお願いします」「女性団体連合との政策協力を！」など短い言葉が短冊のようにびっしり書かれている。ツイッターのつぶやきのようだ。

3 原発一基削減構想

朴市長は二〇一二年二月、ソウル市をエネルギー消費型都市からエネルギー生産型都市へと転換させる「原発一基削減総合対策」を発表した。節電だけでなく太陽光発電など自然エネルギーを利用することで二〇一四年までに、原子力発電所一基分の発電量を減らすという計画だ。世界的な「脱原発」の流れを受け、市民の理解と積極的な参加を得て、現在二・八パーセントにとどまっているソウル市の電力自給率を二〇一四年までに八パーセント、二〇二〇年までに二〇パーセントにまで高める。

また一四年までには韓国最大の原発・霊光五号機の発電量に相当するエネルギーを節約・生

産し、九一四二GW／hの電力需要を削減する。原発に大きく依存している現状からの脱却をめざし、三兆二四四四億ウォン（内訳は市費六三六六億ウォン、国費二三三一億ウォン、民間二兆三七五七億ウォン）を投ずるが、年間二兆八〇〇億ウォンの原油輸入代替効果とエネルギー分野における四万件の雇用（グリーンジョブ）の創出が期待できるという。

計画では、ソウル市は「太陽光都市」をめざし、市内約一万棟以上の公共・民間建築物の屋上・屋根に二五〇MWの規模の「太陽光発電所」を建設するほか、公共施設二五カ所に三〇MW規模の発電所を設置する。

また、住民が再生可能エネルギーを自ら生産し外部からのエネルギー確保を最小限に抑える「エネルギー自立村」構想もある。ソンデコル（銅雀区）、ソンミサンマウル（麻浦区）、ソウォンマウル（江東区）を手始めに一四年までに、市内二五自治区にひとつずつ造成する計画だ。

このほか、ソウル市内で大規模な停電が発生した場合に独自の電力供給を確保できる「水素燃料電池発電所」一三一カ所と、落差が小さくても発電可能な「小水力発電所」五カ所を設置、主要施設のエネルギー自立を図る。また、公共庁舎や道路施設、地下鉄の駅、地下アーケード、デパートなど多くの人が利用する施設に取り付けられた約七八〇万個の室内照明をすべてLED照明に交換する計画もある。

このほか、ソウル市の都市空間を「エネルギー低消費型コンパクトシティ」に再編するため、建築物にのみ適用してきた「エネルギー（温室効果ガス）総量制」を都市開発計画（用途地域・地区・区域計画、基盤施設計画、整備事業計画など）の策定時にも適用し、再生エネルギー設備義務化比率を高めることや、「グリーン企業創業ファンド」（四〇〇億ウォン）を設立し、エネルギー分野における若者の起業を支援することも検討している。

市民が省エネ運動を自主的、持続的に展開できるよう「グリーンリーダー」（五〇〇〇人）、「エネルギー守護天使団」（一万人）を養成し、地域や学校、家庭での省エネ実践を促進することや、省エネ文化の定着やエネルギー福祉を実践し、エネルギー技術の研究開発などを行う「ソウルグリーンエネルギー財団（仮称）」（年間一〇〇億ウォン以上）の設立――などの政策が盛り込まれている。

韓国では、最も古い古里原発（釜山）や最大発電量を誇る霊光原発（全羅道）など二〇一二年現在、二一基が稼働している。李明博大統領は「韓国にとって原発は必須のエネルギー供給手段だ」として福島第一原発事故発生後も原発推進政策を変えていない。しかも、二〇三〇年までに三八基に増設する方針を打ち出している。

朴氏は「国は相変わらず原発推進へと突き進んでいるが、福島の原発事故は原発が持続可能ではないことを教えてくれた」と李政権の原発政策を批判。さらに「ソウルはこれまでエネルギーを消費する都市だったが、これからは自然エネルギーを生産する都市に切り替えていきたい。原発一基分の電力を節約するとともに、もう一基分の電力を生産すれば、差し引き二基分が不要になる」と語った。

4　職員に向き合う市長

朴市長は事業計画を立て電子決済システム上に起案文として作成する際に、市民参画の必要性や法令で考慮すべき点の有無など「事前検討項目」の作成を市職員に呼びかけている。「市職員は共に仕事をするパートナー」と語る朴市長が四月一七日に市職員全員に出したメールの文面からは市職員への思いやりと細かな心遣いがうかがえる。

「職員の皆さん、『事前検討項目』は、仕事を増やすためのものではありません。仕事を減らすためのものです。事業を推進する前に、市民の方々の協力を得るべき部分はないか、ステークホルダー間の利害が対立する部分はないか、法的に不備はないかを確認するために行うものです。

市民参加の余地やステークホルダー間の利害が対立する部分をあらかじめ把握しておけば対立の調停のための妙案を前もって考えておくことができます。法律面での完璧な検討を経た政策は、その推進がはるかにスムーズになることでしょう。男女差別の要素がない政策は韓国社会全般に平等や配慮の精神を育んでくれるでしょう。NPOや企業の資源を活用することでソウル市政の効率が高まることでしょう。そうなれば仕事ははるかに減ると思いませんか。

これは予防行政の効果です。予習・復習がきちんとできる子供は特別な勉強をする必要がなく、毎日、掃除をしている家では苦労して大掃除をしなくてもよいのと同じです。……こうして生まれたゆとりによって、私たちはこれまでとはひと味違う、より良い行政サービスを提供できるようになるはずです。

親愛なる職員の皆さん、激務のため苦労されていることは、重々承知しています。ですが、小さな実践も集まれば大きな変化を起こすことができます。『事前検討項目』の作成にご協力ください。

万物芽吹く春とはいえ、寒暖の差が激しく、風邪をひきやすい季節です。職員の皆さん、ご健康にはくれぐれもお気をつけて。陰ながらいつも応援しています」

筆者が取材のため訪れた市庁舎一〇階の市長執務室には、会議用のラウンドテーブルに肘掛けのついた少し豪華なイスが一つ置かれていた。朴氏はその隣の普通のイスに座ってこう語った。「これは市民のイスです。実際には誰も座っていませんが、常にここに市民がいると思って市政を遂行しています」。

朴氏は若年層向けの社会的起業の促進や福祉重視などリベラルな政策を実行するとともに、「脱原発」政策や南北間の文化交流促進なども考えている。原発推進と「北」に対する強硬な政策を崩さない保守派の李明博大統領と真っ向から対立した。朴氏に市民活動家から政治家になったいきさつや、市民の声を政策に反映させる努力、市政への市民参加の方法、市職員に対する対応などについてインタビューした。

5　市民の要求に応じて市長に

政治に関してですが、市民活動家として政治に関わる機会は非常に多かったし、政治家への誘いも周辺からたくさんあったわけです。それでもその提案に応じなかったのは、まず、NGO、市民社会、市民団体の活動はとても重要であると思ったからです。政治は政治家がうまくやればいい、市民活動団体からはそれを補完するような役割を果たすことができれば全体として社会的進展が得られると思ったからです。

でも李明博政権が始まって以来、実は韓国も民主主義の危機が訪れている。NGO、NPO、市民のアジェンダも後退している。このような状況下では、最後まで政治を拒否するということは、時代の要求、市民の要求を裏切ることになるのではないか、そう考えて政治家になることにしました。

私は、市民社会というものは、国や政府と違って固有の機能を持っているし、それを守ることはとても大切だと思っています。ただ民主主義の危機が訪れ、市民の公共性が脅かされているとき、政治の中で市民社会的な価値を実現することはもっともっと大切なことです。

NGO、NPOなど市民社会が求めているものを政治の中で実現することで、社会全体をグレードアップさせることができます。市長自ら時代が要求している変化の主役になり、政治を変えていくこと、これは市長としてとても大事な役割だと思います。

６ 民主主義を実現する「傾聴ツアー」

今の日本で民主主義の危機が訪れているとのことですが、このような現象は全世界的なことだと思っています。だからといって軍事独裁の時代に戻るわけではありません。民主主義というものは日常生活の中で実現されなければいけない。それがなかなかうまくいっていない。

そうした思いから、「傾聴ツアー」や「聴策ワークショップ」を始めました。できるだけ多くの現場の市民の声を聞くということです。市民は政策の対象であるだけではない。政策決定の過程で市民がそこに参加することが大切です。市民参加型の予算制度などを通して民主主義を生活の中で実現していくことが必要なのです。

ですから、市民参加を制度的に保証するためには、ガバナンス（意思決定や合意形成のシステム）がいかに大事であるかを改めて強調しています。市民参加の活性化のためには情報提供が必要です。あらゆる情報を開示できるよう情報公開制度を強化する必要があります。

それから大事なのは市民の生活の質の向上です。社会福祉面を強化していかなければいけない。今まで韓国は「成長」を中心にした社会でした。いわゆる「土建社会」だった。私は今、社会福祉を充実し生活の質を向上させる社会に切り替えようと思っている。同時に人間の尊厳を保障する社会にしなければならない。それがクリエイティブな活動を可能にするわけです。そうした政治が実現していないので市長になるしかなかったというわけです。

二一世紀が要求しているものに生態や環境の問題があります。いままで韓国は「成長」を中心にしてきたので環境面は犠牲にされてきました。国は相変わらず原発の増設を進めていますが、ソウル市では消費エネルギーを節約し、自然エネルギーの生産を拡大する「脱原発」政策を推進しています。

それから市政への市民参加ですが、今のソウル市は市民と市長の関係、市民と市職員との関係が今までで一番近い関係にあるといえます。「傾聴ツアー」と「聴策ワークショップ」によって、市民の意見や苦情、要求がダイレクトに伝わってくるようになったからです。市職員にとってはとてもきついことですが、市民にとっては幸せなことでしょう。

個人的にも市民とのコミュニケーションを大切にしています。私のツイッターのフォロワーは現在、四九万人います。ツイッターだと、リアルタイムで市民の話を聴くことができる。もちろん市民にフィードバックすることもできる。市民が提示する問題に直接応えることもできるのです。

私の市長としてやっていることは、韓国憲法が規定する「主権在民」を現実社会の中で実現するプロセスのひとつです。市民がこのプロセスに参加することで、「市民が主人公である」というコンセプトを実現することができます。政策の妥当性や効率性を高めることにもつながる。

韓国では若者たちがものすごく深刻な状況に置かれています。大学を出た後の職探しも難しいし、大学の学費も大変です。そうした深刻な状況を解決するために、ソウル市立大学の授業料を半額にしました。こうしたことが不可能ではないという政策モデルを示したかったからです。

さらに私のマニフェストでもあるのですが、若者の働き場所を創出するため三〇〇〇億ウォン（二一〇億円）の「社会投資基金」を設立しました。その基金を元に若者たちの職探しのためのハブセンターをつくりました。社会的起業など若者の働き口を作ることで、若者たちがまた「夢」を見ることのできる社会をつくりたいと思います。

7　柔らかなリーダーシップ

大阪市の橋下市長は不合理な制度の改革だとか、公務員に対する改革をやっていると聞いています。でも公務員というのは改革の対象ではありません。あくまで公務員は市長の同伴者であり、心をともにする同志です。政策は公務員を通してしか実現できません。私は公務員を大事にし、尊重しています。共に仕事をするパートナーですから。

私は柔らかいものこそが強いと考えています。目に見えた強さに勝つものは柔らかさです。自らの強さをひけらかすような「強さ」は、一瞬の強さでしかありません。水が土の中に入り、あらゆるものを溶かすことができるように、「柔らかなリーダーシップ」こそが、人々を説得に導くものです。本当のリーダーシップは人々に対し心の底からの情熱を引き出すものです。「柔らかなリーダーシップ」こそが「強いリーダー シップ」なのです。

行政については持続可能性を常に考えなければなりません。それには「柔らかなリーダーシップ」が重要です。市民が自らの力で市民社会を切り開いていくためのシステム、市民自らが政治や政策決定に参加できるシステムをつくらなければならない。ＮＧＯ・ＮＰＯ・市民との協働やパートナーシップをいかし、市民が自らを改革していけるための制度を構築するのが私の役割であり、本当のリーダーシップだと思っています。

8　橋下市長と朴市長

実はソウル市長選をめぐる政治情勢を「大阪維新の会」と「外見上似ている」とする韓国メディアがあった。二〇一一年一一月、韓国の中央日報は、大阪市長選で当選した橋下徹市長が、ＳＮＳを積極的に活用して二〇～三〇代の若い有権者から圧倒的な支持を得たことなどがソウル市長とそっくりだと報じたのだ。

市民運動家だった朴市長は市長選で無所属を貫き、無党派層や若者の票を集め当選した。その背景には、既成政党への不信の高まりがあった。若者に圧倒的に人気のある安哲秀ソウル大教授の支持もあった。

確かに朴市長もSNS世代の若者や無党派層から圧倒的な人気を得ている。既成政党への不信感が背景にある点も共通している。橋下市長と相通ずるものがある。

だが、決定的な違いがある。朴氏はかつては徹底した人権派弁護士であり、橋下市長は問題の多い商工ローンの顧問弁護士だった。政治家としても天皇制を擁護し、核武装論を唱え、「日本の政治で重要なのは独裁」と豪語する橋下市長と、憲法が保障する主権在民の下で市民参加のシステムを構築しようとする朴氏とではその差は歴然としている。

公務員に対する態度も正反対だ。橋下市長は、全職員に対して労働組合活動や政治活動への関与を問うアンケートを実施し、入れ墨の有無を確認して退職を迫るなど、強権発動を信条としている。教職員に対しては君が代斉唱と起立を義務付け違反者を処分するなど、憲法が保障する思想信条の自由さえないがしろにしかねない勢いだ。

一方、朴市長は「職員は共に仕事をするパートナーだ」と言い切る。職員の自主性を尊重し、「市長が政策を実現することができるのは、職員を通してのこと。市長の一方的な指示によっては仕事への本当の情熱は生まれない」と指摘する。

9　「太陽政策」の再来

筆者は朴市長のたとえ話から金大中・元大統領の「太陽政策」を思い出した。金氏の「太陽政策」は、イソップ童話の「北風と太陽」にちなみ、北朝鮮の頑迷な態度を改めさせるのには、力ではなく温情であるとする考え方で、軍事力よりも人道的援助や経済援助、文化交流を深めることで南北統一をめざした。

二〇〇〇年には南北首脳会談が実現し、金剛山観光事業、開城工業団地事業、鉄道・道路の連結事業など対北朝鮮三大経済協力事業が進められるなど、北朝鮮と韓国との距離が縮まったが、李明博政権以降、「太陽政策」は中断している。

朴市長は「ソウル市長には外交権限はない」としながらも、ソウル市長として南北問題解決を図る筋道を見出そうと南北の文化交流事業の実施を模索している。ひとつはかつて定期的に開催していた南北サッカー・ナショナルチームの交流試合の復活であり、もうひとつはソウル市交響楽団の演奏会をピョンヤンで開催することだ。朴市長が北朝鮮政府に提案し現在、返答を待っている段階だという。実現すれば「太陽政策」の再開として国内外で注目を浴びるのは間違いない。

朴市長には二〇一二年一二月の韓国大統領選挙への出馬を求める市民の声も出た。しかし、朴市長は「まったく考えていない」ときっぱり否定した。市民の生活を向上させ、社会福祉を充実させ、市民参加の政策決定を制度化するため市長職を全うしようと全力投球しているからだ。

韓国は将来、「柔らかなリーダーシップ」の国に変貌する可能性がある。そうなれば「脱原発」政策と自然エネルギーへの転換が新たな国家政策になり、経済格差是正や福祉予算増大など「市民の意見を反映した政策」が実現することだろう。外交政策も金大中氏の時代の「太陽政策」へと舵切りするに違いない。

そのとき、ソウルは東アジア外交と「脱成長」経済モデルのハブ都市になるのではないか。ソウルは北京、上海、東京からほぼ等距離に位置している。大統領選挙では保守派の朴槿恵氏が勝利したが、朴氏が市長として「柔らかなリーダーシップ」を発揮し続ければ、「市民の首都・ソウル」が名実ともに東アジアの中心都市になる日はそう遠くないはずだ。

第3章　「市民の視点」とジャーナリズム

1　「市民の視点」に立ったジャーナリズム

「公共するジャーナリズム」とは、市民の自主的・自発的参加や行動を促し、新しい市民社会の構築をめざすジャーナリズムのことである。政府や警察、検察など公的機関の情報を垂れ流す「プロパガンダ装置」となったマスメディア・ジャーナリズムとは違った、「市民の視点」に立ったジャーナリズムのことでもある。

既に見たように、一九九〇年前後、米国で「パブリック・ジャーナリズム」という新しいメディア活動が始まった。「公共生活と新聞が危機に瀕している」という問題意識を持った、ニューヨーク大学のジェイ・ローゼン教授らが社会運動として提唱した。まず九〇年の米カンザス州知事選の際、同州の地方紙、ウィチタ・イーグルは、市民の問題意識を反映した「アジェンダ・セッティング（課題設定）」に基づく取材報道活動を試みた。

この活動のベースには「新聞が情報を提供するだけでなく、市民を公共生活に『招待する』

役割を担うべきだ」という考えがあった。新聞は市民にとって有意義な議論の場を提供し、市民に社会や政治への参加の機会を提供するという主張も展開した。

ジャーナリズムを本来の「公共的なもの（パブリック）」に変えようとするこの運動は全米の地域紙に広がったが、米国の地域紙がリーマンショックなどの波風を受けて消滅の一途をたどったため、社会運動としては下火になっている。

とはいえ、市民とジャーナリズムをつなぎ止め、市民の政治・社会参加を促進する「パブリック・ジャーナリズム」の精神は、オンライン紙や非営利メディアなどに確実に引き継がれている。

２　「公共する」は東アジア思想

「公共するジャーナリズム」は、「パブリック・ジャーナリズム」の精神に、ＮＰＯ活動が提唱する「市民参加と協働」の理念を結び付けたものといえる。

「公共」という日本語は単に、「パブリック（public）」という西洋語の翻訳ではない。確かに明治初期の学者が「パブリック」の翻訳語に「公共」を当てたのは事実だが、日本には古来、翻訳語とは別に「公共」という言葉が存在した。東アジア共通の概念として、英仏語の「パブリック」にはない動詞形も存在した。

「公共する」という動詞は、明治時代に明六社が発行した「明六雑誌」や足尾鉱毒事件を告発し、抵抗運動に命を賭けた田中正造の日記などに見られる。同時期に「パブリック」の翻訳語として「公共」という言葉が定着するが、「パブリック」は元々、「公共」以外にも様々な意味を持つ言葉だった。

「公」と「公共」はきちんと区別して使うべき言葉だ。「パブリック」という西欧語はラテン語の「共和国（レス・ピュブリカ）」を語源とする。「みんなの」「大衆の」「公共の」という意味のほかに「国家の」「公（おおやけ）の」という意味でも使われている。日本で「公」と「公共」が混同されてきたのは「パブリック」という言葉が翻訳語として二重の意味を持っていたからではないか。

実は、西欧と違い、東アジアでは「公」と区別して「公共」という言葉が使われてきた。日本で「公・私・公共」三元論を唱える公共哲学者の金泰昌氏は、中国、韓国の文献を詳細に調べているが、「公共」の最も古い用例は中国前漢時代の歴史家、司馬遷の『史記』にさかのぼるという。

『史記』の「張釈之馮唐列伝」に次のような物語が出てくる。漢の皇帝が馬で地方巡業中、橋の袂から男が飛び出したため皇帝は馬から落ちそうになった。皇帝は男を厳しく罰しようとしたが、司法長官の張釈之は「法は天子が天下万民とともに公共することで成り立つものだ。皇帝の独断で決するならば、民の信頼を失うことになる」と諫めた。

金氏は「君主と天下万民がともに作る法」という理念に注目し、「公共する」を「自己と他者、公と私のあいだで常に対話・共働・開新する実践・活動・運動」と捉える。この考えは、朱子の「天下公共之理」、王陽明の「天下公共之学」など東洋思想に引き継がれ、一六世紀朝鮮の朱子学者、李退渓の思想として花開いた。

その後、豊臣秀吉の朝鮮侵略で捕虜となって日本へ連れて来られた朱子学者の姜沆（カンハン＝平凡社東洋文庫『看羊録　朝鮮儒者の日本抑留記』を参照）によって日本に広められた。日本滞在中の姜沆の影響を受けた藤原惺窩が仏教から儒学に転向し、その弟子の林羅山は江戸城に出仕している。林羅山は徳川家のために「国学」思想体系を整備したが、藤原惺窩は万民のための「民学」思想に徹した。民学思想は伊藤仁斎、石田梅岩、幕末の横井小楠などに受け継がれた。

幕末の実学者、横井小楠は「天地公共の実理」という言葉を使い、天と天下万民を「公共する」思想を展開した。小楠は「日本は万国の世話役になれ」と語っている。「世話役」とは、人と人、人と社会、人と政治をつなぐNPOの発想といっていい。横井小楠に影響を受けた坂本竜馬は「亀山社中」を設立し、日本の世話役をめざした。「亀山社中」は利害の異なる複数の藩から資金提供を受けていた。営利企業というより、NPOのあり方に近い。

小楠の思想自身は、越前藩の松平春嶽の下にいた由利公正に引き継がれ、由利は五箇条の御誓文を書いた。小楠と接点は不明だが、田中正造も「公共する」という言葉を使った。正造が残した膨大な著作の中に、「民の中に入って公共せよ」など、「公共」「公共する」という言葉が百数十カ所出てくる。国会議員をやめて村に入り込み、自治組織の先頭に立った正造は「公共する」市民活動の草分け的存在といえる。

３　「公共するジャーナリズム」の羅針盤

「公共するジャーナリズム」とは、ＮＰＯ、ＮＧＯとの協働を促進し、新しい市民社会の構築をめざす社会運動である。「公共するジャーナリズム」の思想的拠り所は、哲学者・金泰昌氏が提唱する「公共（する）哲学」である。金氏の「公共（する）哲学」は「公共するジャーナリズム」の進むべき道に光を当てる「知の羅針盤」である。

金氏の「公共（する）哲学」とは、対話・共働・開新であり、その相関連動活動の持続・反省・改善である。相克・相和・相生の関係を共に幸せになる方向へ発展・持続させることを基本目標とし、人種・言語・文化・宗教・信仰・政治的イデオロギーの多様性と差異性を認め、共に幸せになる途を探る、幸福共創・共福実現の哲学でもある。

「公共（する）哲学」は「公・私・公共」三元論と、「滅私奉公」の対極にある「活私開公」を軸に、対話によって他者とともに動態的なプロセスを経ることで、新しい地平を開くことを基本姿勢とする。その基本姿勢は、「市民の・市民による・市民のための・市民とともにする知・

徳・行の連動変革」をめざし、意見・立場・目標の異なる他者との真摯な対話・共働・開新を試みる点に大きな特徴がある。

「一市民」としての立場から、他者との徹底した議論を通して、共生と共感と共福の地平を根気強く創新し続けるという「公共（する）哲学」は、新しい市民社会構築の理論的支柱として重要な役割を担っている。

金氏は『ともに公共哲学する―日本での対話・共働・開新』（東大出版会）の中で「今の日本では『一市民であること』が決して簡単ではない」としたうえ、「国家や企業のためではなく、市民のためのマスメディアという在り方こそが本来のジャーナリズムである」と指摘している。

だからこそ「公共するジャーナリズム」にとって、市民の資格（シティズンシップ）に基づいて自らの立場を表明し、個人・団体が市民の資格に則って対話と共働と開新の時空に参加することが重要であると強調する。

「公共（する）哲学」の範疇では、「公」の圧倒する社会の中で「私」が「公」の名を借りてその正体を隠し、市民社会と敵対しているのが日本のマスメディアの現状だ。日本のマスメディアを真に「公共する」在り方へと脱構築することが、「公共（する）哲学」と「公共するジャーナリズム」の緊急課題といえる。

「公共するジャーナリズム」は「公共（する）哲学」と協働することで、市民の立場に立った公共的な言論空間の構築をめざし、ＮＰＯ／ＮＧＯ／市民とマスメディアとの協働を促進する市民活動として位置づけられる。

4　市民社会に貢献するジャーナリズム

「公共するジャーナリズム」とは、このように東アジア思想の「公共」を基に市民の自主的・自発的参加や行動を促し、新しい市民社会の構築をめざすジャーナリズムとして理解される。ではなぜ、今、「公共するジャーナリズム」なのか？　それは日本のマスメディアが官主導の公的ジャーナリズムに堕しているからだ。マスメディアは記者クラブ制度を介して当局が発表した情報を一方的に読者・視聴者に伝えるプロパガンダ機関と化している。

記者クラブ制度という談合組織に依存した日本のマスメディア・ジャーナリズムに変革を求め、真に民主的な社会を構築する上で、「公共するジャーナリズム」の果たす役割は大きい。

調査報道とは、記者が足を使って取材し記事を書くという当たり前のジャーナリズムのことだ。市民の視点に立った「課題設定（アジェンダ・セッティング）」に基づく報道、公開された資料や情報の分析による「データドリブン（情報収集）」報道、政治家や官僚の腐敗、権力乱用、汚職など権力犯罪を暴く「ウォッチドッグ（権力監視）」タイプのジャーナリズムまでさまざまなスタイルがあると書いた。

調査報道を実践することの重要性を理解しなければ、日本のマスメディアは早晩、市民から相手にされなくなり、存在基盤を失うことになる。その時、ジャーナリズムの実践主体はNPOメディアや調査報道NPOに移っているに違いない。

尖閣諸島や竹島（韓国では「独島」）問題で東アジアの国家間がぎくしゃくするとき、日中、日韓の歴史を問い直し、理性的な解決を図るうえで、市民レベルの交流と議論が不可欠となっている。例えば日本軍の「従軍慰安婦」問題は日韓政府の外交上のトゲになっている。

元「慰安婦」のハルモニらの年齢は二〇一二年現在で八〇代後半に達している。一刻も早く彼女らに対する謝罪と賠償を実現するには、人間の尊厳と正確な情報に基づいた両国間の協議が必要だ。国際法上の紛争解決に向けた国際世論にも耳を貸す謙虚な姿勢も求められる。

この問題の解決に向けて韓国市民社会は早くから行動を起こした。在韓国日本大使館前でハルモニと支援者によって行われてきた「水曜デモ」は二〇一一年一二月に一〇〇〇回を迎え、同大使館前に「平和の碑」として少女像が設置された。

二〇一二年五月にはソウル市ソンミサンマウルに「戦争と女性の人権博物館」も完成し、戦争と女性の人権を考えるアクティブ・ミュージアムとして機能している。長年、この博物館の建設運動に市民活動家として協力してきた朴元淳ソウル市長は、大晦日の打鐘行事に元「慰安婦」の金福東ハルモニを招いた。

韓国では「ハンギョレ新聞」やインターネット新聞、テレビ局などが元「慰安婦」問題と同博物館建設運動を詳細に報道してきた。だが、日本のマスメディアはこうした韓国市民社会の動きを無視してきた。世界的な「オキュパイ運動」など国際市民運動の広がりを無視したのと同じように、マスメディアは問題の本質と向き合おうとはしなかった。

さらに悪いことに「慰安婦問題はなかった」と主張する右翼からの攻撃を恐れ、日本のマスメディアは報道を自粛さえしている。こうした「言論の自由」の自殺行為に支えられ、政府は韓国政府や韓国市民に誠実な対応をせずに済ませてきた。調停のために労を惜しまなかった国連やＩＬＯによる勧告を無視することができたのもマスメディアが報道せず、市民レベルでの批判や市民運動の盛り上がりが起きなかったからだ。

東アジア思想を背景に持つ「公共するジャーナリズム」は、日本のマスメディアが報道しない問題、報道できない問題、視野に入っていない問題のうち、日本軍従軍「慰安婦」のような、東アジアの市民社会の連帯と未来を切り拓くことになる課題に果敢に取り組むものである。そこにマスメディアには報道することのできない「公共的な」ジャーナリズムの存在価値がある。

近い将来、新聞ジャーナリズムの世界は大きく様変わりすることだろう。発行部数や広告収入の減少によって経営危機に陥り、消滅する新聞も数多くあるだろう。大幅な発行部数減に備え紙面のデジタル化に成功した社だけは、オンライン紙として存続する可能性がある。

だが、「公共的ではない」新聞が生き残ることはさして問題ではない。ジャーナリズムにとって重要なのは、主体的な市民活動とそれによって生み出される市民社会の進展に貢献する「公共するジャーナリズム」が生き残ることだけである。

おわりに

二〇一一年八月二三日午後、生まれて初めて訪れた米国の首都ワシントンで、いきなりマグニチュード五・八の地震に遭遇した。米国東海岸では一八九七年以来の地震ということで、地下鉄やバスなど交通機関はストップし、避難者が路上にあふれかえった。

ホワイトハウスの周辺ではテロを警戒するためなのか、夜中までパトカーと消防のポンプ車・工作車がサイレンを鳴らし猛スピードで走りまわった。テレビはすべて特別番組に切り替わり、一一四年ぶりに起きたという「東海岸地震」を延々と報道した。

スーパーの床に散乱する商品、壁が崩れた教会の塀、そして運転を停止したバージニア州の原発…。テレビは夜中まで壊れたテープレコーダーのように同じ映像を繰り返し流し続けた。一体、翌日の新聞はこの地震をどのように報道するのだろうか？　特に高級紙で知られるワシントン・ポスト紙は？　地震のさなかに不謹慎ではあったが、米国東海岸の地震報道に興味は尽きなかった。

翌朝、ホテルのロビーでワシントン・ポスト紙を広げた。一面トップにはバカでかい写真が一枚。ほとんど紙面の半分くらいを占めている。しかもそれは恐怖にひきつった数人の女性のアップ写真だった。一面の記事はというと、「テロだ！」と驚いたホワイトハウス近くに住む女性や映画館で「ハリウッド最新の仕掛けだ」と勘違いしたという男性の談話などで埋め尽くされていた。

極め付きは地震を予知し特異行動を取ったという動物園の赤毛キツネザルの話だ。オランウータンの話もあった。地震発生前に異常行動を取り飼育係が驚いたという話だ。「これらの動物には余地能力がある」と解説する学者のコメントも掲載されていた。でもどれもいわゆる雑観記事の域を出ていない。

一方、ワシントンにある「ニュースの博物館（ニュージアム）」には、大震災で被災した宮城県の「石巻日日（いしのまきひび）新聞」が手書きで発行を続けてきた壁新聞が展示されていた。フェルトペンと紙だけで地域情報を発信し続けた同紙は、米国で「ジャーナリズムのかがみ」として高く評価されていた。フェルトペンで書かれ記事は被災者の状況や心情を痛々しく記録しており、ワシントン・ポスト紙のセンセーショナルな雑観記事とは雲泥の差があった

ニュージアムには、フリープレス（報道の自由）の原則を定めた合衆国憲法修正第一条が掲げられている。デモクラシーの法的根拠となった米ジャーナリズムの原点だ。政府の機密保持と新聞報道が対立するたびに、裁判で新聞側が勝訴できたのはこの原則のおかげだ。フリープレスの発想が欠落し、政府の「知らせる権利」が国民の「知る権利」を上回る感のある日本とは

随分違う。政府と東電の発表を垂れ流し続けてきた東電福島第一原発事故の報道はその一例にすぎない。

だが、米国の日刊紙は経済危機の影響で広告収入が落ち込み発行部数が減少の一途をたどっている。大幅リストラの報も伝わる。かつて「ウォーターゲート事件」報道で大統領を辞任に追い込んだワシントン・ポストも例外ではない。

フリープレスに支えられたジャーナリズムの伝統は今や商業メディアから非営利メディアへと移り変わりつつある。本書で詳述したように、全米各地には調査報道を地道に続けるオンラインの地域紙が数多くある。こうしたメディアは、地震やハリケーンなど災害報道であっても、表面的な事象を追いかけることに満足したり、センセーショナルな記事で紙面を埋め尽くすことはない。長期間の取材を通して事象の背後に隠れた問題点を掘り起こし、「公共の利益」に奉仕するジャーナリズムを目指しているからだ。米国発の新しいジャーナリズムは、大震災と原発事故を経験した日本のメディアに多くの示唆を与えてくれると思う。

二〇〇九年に来日したアメリカン大学のチャールズ・ルイスさんは日本記者クラブで講演した際、調査報道NPOについて「日本でもやろうと思えばできます。やりましょう！」と明るく語っておられたのが印象的だった。その笑顔に心ひかれ、是が非でも米国へ行きたいと思い立った。

二〇一一年、NPO法人「NPO研修・情報センター」（東京都国分寺市、世古一穂代表理事）

が、国際交流基金日米センターの助成を受け、米国調査報道NPOの視察ツアーが実現した。ルイスさんを日本へ招待した早稲田大学大学院政治学研究科ジャーナリズムコースの瀬川至朗教授と高橋恭子教授のお力添えがあってのことだ。

視察ツアーには、瀬川教授と高橋教授のほか、上越タイムス（新潟県）の大島誠元社長、NPO法人「くびき野NPOサポートセンター」の秋山三枝子理事長、世古一穂代表理事が参加し、二〇一一年八月二三日〜九月三日の日程でワシントン、ニューヨークなどを訪問した。

視察先の選定や交渉については、瀬川、高橋両教授に大変、お世話になった。帰国後も米国ジャーナリズム状況や調査報道NPOについてご教示いただき感謝している。また米国調査報道NPO視察を支援していただいた国際交流基金日米センターには本書の出版を持って謝辞に代えたい。

現地通訳を引き受けてくれた世古有佳里さんとそのお連れ合いの匠君には感謝してもあまりあるものがある。特に由佳里さんにはジェイ・ローゼン教授の『ジャーナリストは何のために?』の抄訳を作ってもらった。これがなければ第2部第4章を書くことができなかった。

最後に、いつまでたっても出来上がらない原稿を粘り強く待っていただいた、緑風出版代表の高須次郎氏に心からの御礼を申し上げたい。

二〇一三年二月

土田　修

参考文献

立花　隆『アメリカジャーナリズム報告』文春文庫、一九八四年
山田健太『ジャーナリズムの行方』三省堂、二〇一一年
小俣一平『新聞・テレビは信頼を取り戻せるか』平凡社新書、二〇一一年
田島泰彦、山本博、原寿雄編『調査報道がジャーナリズムを変える』花伝社、二〇一一年
スーザン・ジョージ『これは誰の危機か、未来は誰のものか』荒井雅子訳、岩波書店、二〇一一年
ブリュノ・ジュタン『トービン税入門』和仁道郎訳、社会評論社、二〇〇六年
ステファン・エセル『怒れ！憤れ！』日経ＢＰ社、二〇一一年
オキュパイ!ガゼット編集部編『私たちは〝99%〟だ　ウォール街を占拠せよ』岩波書店、二〇一二年
ジョセフ・Ｅ・スティグリッツ『世界の99%を貧困にする経済』楡井浩一、峰村利哉訳、徳間書店、二〇一二年
サラ・エリソン『ウォール・ストリート・ジャーナル陥落の内幕』土方奈美訳、プレジデント社、二〇一一年
石川幸憲『ワシントン・ポストはなぜ危機を乗り越えたか』毎日新聞社、二〇一一年
キャサリン・グラハム『キャサリン・グラハム　わが人生』小野善邦訳、ＴＢＳブリタニカ、一九九七年

ボブ・ウッドワード、カール・バースタイン『大統領の陰謀　ニクソンを追いつめた三〇〇日』文春文庫、二〇〇五年
澤地久枝『密約　外務省機密漏洩事件』中公文庫、一九七八年
西山太吉『沖縄密約―「情報犯罪」と日米同盟』岩波新書、二〇〇七年
金　泰昌『ともに公共哲学する―日本での対話・共働・開新』東大出版会、二〇一〇年
平石直昭、金泰昌編『公共する人間3　横井小楠　公共の政を首唱した開国の志士』東京大学出版社、二〇一〇年
姜　沆『看羊録　朝鮮儒者の日本抑留記』朴鐘鳴訳、東洋文庫、一九八四年
樋口健二『原発崩壊　樋口健二写真集』合同出版、二〇一一年
樋口健二『原発被曝列島』三一書房、二〇一一年
樋口健二『原発被ばく労働を知っていますか？』クレヨンハウス、二〇一二年
朴　元淳『韓国市民運動家のまなざし』風土社、二〇〇三年
森ゆうこ『検察の罠』日本文芸社、二〇一二年六月二九日
日隅一雄『検証　福島原発事故・記者会見』岩波書店、二〇一二年
日隅一雄『原発事故報道のウソから学ぶ』クレヨンハウス、二〇一二年
木村英昭『検証　福島原発事故　官邸の一〇〇時間』岩波書店、二〇一二年
福山哲郎『原発危機　官邸からの証言』ちくま新書、二〇一二年

解題

日本人のマスメディア〈鵜呑み度〉と公共的なジャーナリズム

青山貞一
東京都市大学名誉教授、環境総合研究所顧問

日本を覆っているおかしな空気を作り出している元凶の一つが新聞、テレビなどのマスメディアである。以前から指摘されていたことではあるが、3・11以降、マスメディアの劣化は著しく、社会の木鐸としての役割を果たしていないどころか、最低限の事実情報の伝達でさえまともに出来ていないことは、誰もが否定し難い状況となっている。

インターネットの普及に伴い、このところ新聞・テレビ離れが著しいとは言うものの、日本人のマスメディア依存性は依然として極めて高いものがある。

日本リサーチセンターが実施し二〇〇〇年に公表した先進国、発展途上国、資本主義国、社会主義国を問わず各国の国民が、いかなる組織に信頼を置いているかを調べた「世界六〇カ国

価値観データブック」の調査結果からその特徴を見てみよう。

日本とイギリスを比較すると、日本国民の圧倒的多数（七〇％以上）が新聞などマスメディアに信頼をおいているのに対し、イギリス国民はマスメディアをわずか一四％しか信頼していない。

他の先進国を見てみると、米国もイギリス同様の傾向を示している。米国民のマスメディアの信頼性は二六％に過ぎない。カナダ三六％、イタリア三四％、フランス三五％、ドイツ三六％、ロシア二九％である。逆に日本（七〇％）に近い国を探すと、中国が六四％、インド六〇％、フィリピン七〇％、ナイジェリア六三％と、いずれも発展途上国となっている。

要約的に言えば日本国民は新聞、テレビなどマスメディアの情報を先進国の中で最も無批判に信頼しているということを意味している。信頼しているというと聞こえが良いが、要は日本国民は自分の頭で考えず、マスメディアからの情報を鵜呑みにしているということである。そこで、私達はこれを〈鵜呑み度〉と名付けた。日本国民は世界一マスメディアを鵜呑みにする国民ということになる。

日本国民の〈鵜呑み度〉を裏付ける別の調査結果が多数ある。たとえば米国の著名な世論調査会社、ギャラップ社による日本人のマスメディア信頼度調査によると、日本国民の七三％〜七四％が新聞、テレビなどのマスメディアを信頼する、となっている。日本リサーチセンターの国際調査結果と極めて近いことが分かる。さらにノルド社会環境研究所が実施した「情報源の信頼性」と題する調査では情報源の信頼性について質問している。ここでも日本人の多くは、①マスメディア→②大学・研究機関→③企業・事業者→④市町村→⑤都道府県→⑥国の省庁→⑦衆議院・参議院→⑧政党（与党）の順で情報に信頼をおいていることが分かった。ノルドの調査結果から、日本国民は国の省庁や政治をほとんど信頼しておらず、圧倒的にテレビ、新聞などの情報を信頼していることが改めて浮き彫りになった。

さらに、公益財団法人 新聞通信調査会による全国世論調査の結果を発表したが、各メディアの情報の信頼度に関する質問で「全面的に信頼している」を一〇〇点とした場合、NHKテレビが七四点、新聞が七一点、民放テレビは六四点であった。

以上、複数の調査結果から分かったことは、日本社会ではマスメディアが流す情報に国民が他の先進諸国ではありえないほど高い信頼をおいているということである。逆説すれば、新聞、テレビが提供する各種情報、とりわけ報道や解説によって国民の世論が形成されてきたことに他ならない。日本同様、鵜呑み度が高い国は、ナイジェリア、中国など、途上国と新興国である。

さらに驚くべきことがある。上記の日本リサーチセンターの国際調査は五年に一度行われているが、二〇〇五年調査が二〇〇〇年調査より〈鵜呑み度〉のポイントを上げている先進国は、日本だけであることだ。英国は一四・二から一二・五％、米国は二六・三から二三・四％、ドイツは三五・六から二八・六％など、先進諸国は軒並み〈鵜呑み度〉を下げている。韓国も六四・九から六一・七％、中国も六四・三から五八・四％と大幅に〈鵜呑み度〉を下げている。しかし、日本は七〇・二から七二・五％と〈鵜呑み度〉を上げているのである。

そのため、政府がマスメディアを利用して国民を正当な理由もなく、特定の方向に誘導しようとすれば、記者クラブや公共広告などを使って、いくらでも情報操作による世論誘導が可能となる。これが昨今の状況である。このような状況の中でマスメディアも協力して世論が作り出されている。さらに言えば、今の日本では、人口が四倍多い米国に比べて一桁多い発行部数が世界一の新聞と、全国的な系列ネットワークをもつテレビ局の情報操作により世論誘導される危険性があると言っても過言ではないだろう。

事実、二〇〇五年五月、英国のセラフィールドで起きた大規模なプルトニウムの海洋流出事故は、欧米の新聞、テレビが一面、トップで大々的に報じたが、日本では通信社がベタ記事にしただけでマスメディアは一切報じなかった。二〇一二年九月、ニューヨーク・タイムズ紙が「オスプレイは沖縄以外に配備すべし」という趣旨の社説をだし、やはり日本の通信社がべタで報じたが、マスメディアは一切無視した。当然のことながら、知らせないことも重要な情報操作であり世論誘導である。

果たして日本が先進国以前に、そもそも民主主義国家であるのか、さらに独立国であるのか疑義を感ずることが多い昨今だが、この状況を根底から変えるためには、マスコミ〈鵜呑み度〉世界一の国民が変わることが必須条件であろう。

マスメディアに対する国民の意識を変え、マスメディア自身に変革を求めて行くには、本書が指摘しているような公共的なジャーナリズムの実践が不可欠である。その際、米国調査報道ＮＰＯはひとつの参考になろう。

[著者略歴]

土田　修（つちだ　おさむ）

東京新聞編集委員。1954年、金沢市生まれ、名古屋大学文学部卒業。月刊紙「ル・モンド・ディプロマティーク」日本語版代表、日本マス・コミュニケーション学会会員。著書は『マスメディア再生への戦略――NPO・NGO・市民との協働』（明石書店、共著）、『南海の真珠カモテス――元学徒兵のフィリピン医療奉仕』（邂逅社）など。

調査報道《ちょうさほうどう》
——公共するジャーナリズムをめざして

2013年3月25日　初版第1刷発行　定価2200円＋税

著　者　土田　修©
発行者　高須次郎
発行所　緑風出版
〒113-0033　東京都文京区本郷2-17-5　ツイン壱岐坂
［電話］03-3812-9420　［FAX］03-3812-7262［郵便振替］00100-9-30776
［E-mail］info@ryokufu.com［URL］http://www.ryokufu.com/

装　幀　斎藤あかね
制　作　R 企 画　印　刷　シナノ・巣鴨美術印刷
製　本　シナノ　用　紙　大宝紙業・シナノ　E1500

ISBN978-4-8461-1306-3　C0007